KB198736

체호프에 관하여

Au loin la liberté: essai sur Tchekhov

by Jacques Rancière

Korean Translation rights arranged through Icarias Agency, Seoul.

이 책의 한국어판 저작권은 Icarias Agency 를 통해 La fabrique éditions 와 독점 계약한 ㈜글항아리에 있습니다. 저작권법에 의하여 한국 내에서 보호를 받는 저작물이므로 무단전재와 복제를 금합니다.

체호프에 관하여

Au loin la liberté: essai sur Tchekhov

자크 랑시에르 지음

유재홍 옮김

먼 곳의 자유

글항아리

차
례

1.

유랑자의 꿈

1886년, 「꿈」이라 명명된 작품이 간행된다. 이 작품은 청년 안톤 체호프에게 깊은 깨달음을 안겨준 여러 작품 중 하나다. 그는 이 해 여러 저명한 독자들의 우호적인 평론에 힘입어, 자신이 그저 작은 신문에 기고하는 평범한 풍자 작가가 아니라 진정한 문학가임을 자각하게 된다.

그러나 이 작품은 일견 누구나 예측할 수 있는 지극히 단순한 유형의 서사를 담고 있다. 세 명의 인물이 도보로 이동하고 있다. 독자는 이들의 출발지를 알 수 없으며, 작품은 이들이 최종 목적지에 이르렀는지 여부를 명확히 하지 않은 채 종결된다. 이들이 발걸음을 멈추고 잠시 휴식을 취하는 순간이 이 작품에서 유일하게 드러나는 사건처럼 보인다. 따라서 독자는 이들이 공간적 전환과는 무관하게 계속 길을 걷고 있다는 인상을 받는다. 발이 깊이 빠지는 수렁 같은 길은 방향성이 모호해 전후의 구별이 명확하지 않다. 게다가 그들의 주변을 에워싸고 있는 희미한 안개가 장벽을 이루어 시야 전체를 차단하기에, 독자는 등장인물들이 끝없이 펼쳐진 동일한 공간 속에서 맴돌며 제자리걸음하고 있다는 느낌을 받는다.

물론 이들이 걷는 이유는 뚜렷이 존재한다. 독자는 이야기 전체를 암시하는 듯한 첫 문장에서 이를 간파할 수 있다. 그것은 바로 시골생활의 단조로운 일상이다. 두 명의 경찰이 한 유랑자를 도시로 호송하고 있는 것이다. 작가는 곧바로 두 경찰에게 희극적인 성격을 부여한다. 한 명은 키가 작고 다리가 짧은 체구로 묘사되며, 다른 한 명은 마치 말뚝처럼 키가 크고 야윈 모습으로 그려진다. 그러나 이 단순한 구도에 하나의 변수가 등장하여 변화를 야기한다. 바로 세 번째 인물의 독특한 성격이 이 평범한 이야기의 원활한 흐름에 균열을 낸다. 이 유랑자는 자신의 이름조차 기억하지 못할 뿐 아니라, 흔히 떠올리는 유랑자의 모습과도 사뭇 다르다.

유랑자가 자신의 이름을 잊은 이유는 무엇일까? 그리고 그는 왜 유랑자답지 않은 모습으로 우리 앞에 서 있는 것일까? 이 두 가지 수수께끼를 푸는 것이 단조롭게 반복되는 서사의 고리를 끊는 작품의 핵심을 이룬다. 수사는 다리가 짧은 프타카라는 경찰에 의해 진행된다. 이름 없는 유랑자는 천천히, 꿈을 꾸는 듯한 태도로 독백하듯이 경찰에게 대답하며, 두 수수께끼를 풀어줄 실마리를 제공한다. 첫 번째는 그의 외모에 관한 것이다. 그는 여자 농노의 아들로, 소작농 가문에서 태어났다. 영주의 저택에서 일하던 그의 어머니는 종교, 예의범절, 그리고 올바르고 고운 말씨에 대한 사랑을 아들에게 심어주며 그를 길렀다. 유랑자가 시골 사람처럼 보이지 않는 이유는 추측건대 그가 영주의 아들이기 때문일 것이다. 어머니는 영주의 유혹을 거부할 방법을 알지 못했다. 그러나 영주가 새 동거녀를 들이면서 상황은 나빠졌다. 바로 이 사실이, 어쩌면 아들이 매일 밤 영주에게 건넨 약물에 어머니가 부주의로 비소를 섞는 "실수"를 설명해줄 수 있을지도 모른다. 그 실수 때문에 어머니와 아들은 도형장에 보내졌고, 그는 그곳에서 탈출했다. 이것이 그가 자신의 이름을 "잊은" 이유다. 만약 유랑자가 자기 이름을 기억하게 된다면, 그것은 곧 그를 도형장으로 되돌리는 형벌의 사슬로 이어질 것이다. 그의 고귀한 감성은 그곳의 야만스러운 죄수들과 함께할 수 없을 것이다. 반면 그가 유랑자로 판결된다면 시베리아로 추방될 운명에 놓인다.

대화가 진행될수록 이름 없는 유랑자는 귀족과 천민의 속성을 동시에 지닌 사생아로서, 현대 소설의 전형적인 인물로 변모한다. 이 인물은 레르몬토프의 유명한 시에서 비판하는, 노비와 영주가 공존하는 "씻지 않은" 나라를 상징적으로 집약하고 있다.[1] 차르에 의해 농노제가 폐지된 지 20년 지났으나, 이 나라에는 여전히 거대한 사회 격차와 두 계급 간의 기만적인 공존이 만연해 있다. 자유란, 이러한 현실 속에서 여전히 아득한 꿈에 불과하다.

작품의 본질적 임무는 자유를 형상화하는 데 있다. 체호프는 이를 실현하기 위해 기존 이야기 속에 새로운 허구를 더한다. 새로운 허구는 다름 아닌 유랑자가 지어낸 이야기다. 그는 자신의 목적지를 바꾸며, 시베리아를 자유의 이상향으로 그려낸다. 그의 서정적인 묘사에 따르면, 강제로 이주된 사람들이 사는 시베리아는 진정한 자유의 땅이 된다. 그는 다음과 같이 말한다. "시베리아의 대지는 무한히 펼쳐져 있어요. 누구나 원하는 만큼의 땅을 차

지해 그곳에 씨를 뿌리고, 밭을 일구고, 집을 지을 수 있죠. 가파른 둑과 수백 년 된 전나무들이 거세게 흐르는 넓은 강을 보호하고 있고, 이 강에서 헤엄치는 무수한 물고기는 낚싯대, 망태, 통발, 또는 그물을 든 사람들에게 행복을 선사할 겁니다."

아무도 발을 디딘 적 없는 자유의 땅에 대한 상상은 범죄자를 재판장으로 호송하는 단조로운 여정을 멈추게 하고, 동시에 경찰과 유랑자 사이의 경계를 허물어뜨린다. 꿈 또한 현실이다. 꿈이란 어떤 상황, 즉 어떤 세계가 출현하며 그로 인해 인간의 의식 속에 그려지는 상상의 풍경과 일치하는 것을 의미한다. 유랑자가 말을 이어갈 때, 그 말은 자유의 나라를 현실처럼 느끼게 한다. 경찰의 본래 임무는 명령에 따르고 사람들을 구금하는 것이다. 그러나 이제 그들조차 유랑자의 꿈을 좇기 시작한다. 그들은 결코 경험하지 못했을, 어쩌면 먼 선조들 혹은 옛이야기 속에서나 전해졌을 법한 장면들을 상상한다. 광활한 스텝 지역의 자유로운 대지, 넓은 강, 그리고 높이 솟은 전나무들 사이를 누비며 살아가는 자유인의 삶이 그것이다.

유랑자가 허구로 만들어낸 자유의 나라에 대한 꿈이 깊어질수록 여정의 의미와 인물들의 역할은 점차 희미해져간다. 유랑자가 만들어낸 꿈의 세계는 경찰이 책임져야 하는 냉혹한 현실과 부딪친다. 이제 두 경찰 중 한 명이 나서서 그의 입을 막고, 범죄자를 재판 장소로 호송하는 단조로운 여정을 되찾아야 한다. 이 허구의 시간을 끝내는 임무는 자연스레 키가 크고 마른 경찰에게 맡겨진다. 즉, 이 경찰은 유랑자가 여정의 목적과 자신의 쇠약해진 몸 상태를 냉정히 직시하도록 만든다. 짧은 여정조차 버텨내지 못하는 유랑자는 이미 병든 자이며, 그가 그토록 갈망하던 시베리아에 다다르기도 전에 탈진하여 죽을 운명이다. 질서로의 복귀라는 단호한 명령과 함께 자유의 나라에 대한 환상은 세 사람의 머릿속에서 서서히 사라지고 만다. 그러나 그들의 마음에서까지 자유에 대한 생각이 완전히 사라진 것은 아니다. 유랑자가 다가오는 법적 절차를 떠올릴 때, 경찰들은 여전히 깊은 사색에 잠겨 있다. "그들은 어쩌면 신만이 그릴 수 있는, 자유의 나라와 그들 사이에 놓인 아득히 먼 거리를 상상으로 가늠하려 애쓰고 있다."[2]

　　무신론자인 체호프의 소설과 희곡에서 신의 존재에 지나친 중요성을 부여할 필요는 없다. 그의 작품에서 자주 등장하는 '신만이 알지' '신만이 무엇을 아는지 알겠지' '신만이 누군지 알지'와 같은 표현은 신의 무한한 권능을 간청하기 위한 것이 아니라, 오히려 등장인물들의 판단력과 이해의 한계를 드러내기 위한 것이다. 유랑자의 말은 두 장벽 같은 안개 사이로 감금의 장소로 곧장 이어지는 직선의 여정에 구멍을 낸다. 그의 말은 이 여정의 공간과 시간을 두 갈래로 나누어 그 공간과 시간의 신화적인 기원과 꿈꾸던 목적지에 하나의 지표를 세운다. 이 지표는 자유라는 숭고한 영역에 속해 있다. 자유는 사람들이 가늠할 수 없는 거리에 있으며, 바로 그 때문에 사람들이 결코 외면할 수 없는 거리에 있다. 유랑자가 꿈의 환상을 빼앗겼다 할지라도, 이제 그의 꿈은 자신을 단죄하는 규율 자체에 유령처럼 들러붙는다. 경찰이 명령한다. "출발할 시간이야! 휴식 끝!"³ 그러나 유랑자의 마음속에서는 여전히 휴식이 끝나지 않는다. 그 휴식은 마치 복구할 수 없는 균열처럼 이 여정의 균일한 시간 속에 영원히 남을 것이다.

아마 그 때문에 여정 중의 등장인물들을 붙잡았던 작품은 이제 그들을 길 한가운데에 남겨둔 것일지도 모른다. 작품에는 결말이 있다. 이야기가 멈추는 순간 결말이 완성되기 때문이다. 그런데 등장인물들이 여정의 목적지에 도달하지 못한 이 작품에는 결말이 없다. 왜냐하면 이들은 아직 여정의 끝에 이르지 못했고, 독자는 유랑자에게 무슨 일이 일어날지 알 수 없기 때문이다. 우리가 뒷장에서도 보겠지만 이것은 체호프 단편소설들의 일관된 특징이다. 이 특징이 체포에서부터 구금 장소로 가는「꿈」의 짧은 여정에 잘 드러나 있다. 또한 그의 다른 작품들, 이를테면「아리아드나」또는「개를 데리고 다니는 여인」에서의 사랑 이야기와,「나의 인생」또는「3년」에서 묘사되는 인생의 이야기에서도 이러한 특징이 표출되고 있다. 단편소설「꿈」의 특권은 독자에게 이 독특한 이야기 방식에 생명력을 불어넣는 은밀한 힘, 즉 한 시대의 불확실한 시작을 느끼게 해준다는 점이다. 농노와 귀족 시대의 종언이 공식적으로 공표됐으며, 이 공표와 함께 농노들의 반복되는 단조로운 삶도 종말을 고하지 않았는가. 그러나 자유가 눈앞에 있는 것은 아니다. 다만 새로운 시대가 자유라는 이념의 영향 아래 펼쳐지고 있으며, 사람들은 이 이념을 더 이상 잊지 않을 것이다. 작가의 임무는 자유와 인간 사이를 가르는 거리에 대해 거짓 없이, 그리고 자유가 인간에게 부과하는 책임을 회피하지 않고 자유의 지평 아래 인간을 안내하는 것이다. 작가의 임무는 먼 곳에 있는 자유의 파열을 예속의 시대 속에 새겨넣는 것이다.

2.

예속의 속삭임

작가의 역할이 예속 시대의 자유의 파열을 증언하는 것이라면, 먼저 예속의 정도를 제대로 인식해야 한다. 작가의 도덕적 원칙은 두 가지로 요약될 수 있으며, 이 원칙들은 지나치게 단순해 보일 수 있다. 첫째, 거짓을 말하지 않는 것이고, 둘째, 자유를 두려워하지 않는 것이다. 그러나 현실은, 자유 자체가 두려움을 야기하고 있다. 자유가 멀게 느껴지는 이유는 예속 상태가 여전히 존재하고 있으며, 그것이 무엇보다 먼저 인간의 마음에 자리 잡고 있기 때문이다. 예속 상태를 단지 권력자들과 그들을 지탱하는 경찰이 행사하는 폭력으로만 묘사하는 것은 너무 단순하다. 예속성은 먼저 사람들이 흡입하는 공기와, 이 공기가 두뇌, 즉 경찰과 유랑자의 의식에 미치는 영향 속에 있다. 레르몬토프의 시에서 '씻지 않은 러시아'는 사람들이 비겁하게 복종하는 푸른 제복의 나라, 주의 깊게 살피는 눈과 끈질기게 엿듣는 귀의 나라로 묘사된다. 그러나 「꿈」을 읽는 독자 중 그 누구도 경찰이 유랑자의 꿈을 판사에게 보고할 정도로 끈질기게 엿듣는 귀를 가졌다고 상상하지 않을 것이다. 경찰은 유랑자를 협박하거나 폭력을 행사하지 않는다. 그들은 단지 그가 꿈을 포기하고 앞으로 나아가라고 요구할 뿐이다. 그러나 이들은 유랑자에게서 자유의 꿈을 빼앗으면서도, 자신들이 그 자유로부터 얼마나 멀리 떨어져 있는지를 자문하게 된다. 체호프의 러시아는 소피 로스토프친, 일명 세귀르 백작 부인이 『두라킨 장군』에서 청소년 독자들을 위해 묘사한, 태형용 채찍으로 무장한 고관들과 가학적인 장교들이 지배하는 제국이 아니다. 러시아는 폭력의 가해자이면서 동시에 그 피해자라는 기억이 만들어낸, 기민한 지능을 지닌 사람들의 나라다. 이 나라는 마비된 감각으로 인해 질서가 유지된다. 이것이 「법정에서」라는 단편소설의 교훈이다. 아내를 살해한 혐의로 법정에 선 한 농부는 재판관, 방청객 모두에게서 "위협적인 얼굴이나 분노에 찬 눈빛, 처벌에 대한 거창한 언사"[4]를 찾아볼 수 없다는 사실에 놀란다. 모든 사람의 얼굴과 태도에서 읽을 수 있는 것은 사법 제도를 운용해야 하는 지루함과 단조로운 서기의 목소리, 그리고 끊임없이 윙윙거리는 환풍기 소리로 인한 권태뿐이다. 법정은 모든 면에서 평온해 보인다. 그러나 농부를 안심시키는 이 평온은 실상 정의감이나 증오심 없이 판결을 일상적으로 내리는 행정 시스템의 무관심에 지나지 않는다. 의미심장하게도, 이 작품은 독자에게 판결의 결과를 알리지 않은 채 끝난다. 이야기는 피고의 기소 혐의를 뒤흔들 수 있었던 모종의 사건을 은폐한 후, 정상적인 사법 절차가 재개되는 것으로 마무리된다. 피고가 무죄인지 유죄인지는 중요하지 않다. 중요한 것은 윙윙거리는 환풍기와 행정 기계의 소음을 제외하면 아무 일도 없었던 듯 모든 것이 지속된다는 점이다. 이것이 바로 예속성이다. 예속 상태는 단순히 공권력에 굴복하는 것이 아니라, 반복되는 동일한 상황에 대중이 순응하는 것이다. 이는 복종해야 한다는 의무감에서 비롯된 것이 아니라, 현 상황 외에 다른 세상을 상상할 수 없는 상태를 뜻한다.

이러한 상상의 불가능성 또는 질서에서 조금이라도 벗어나는 것을 두려워하는 마음은 체호프의 가장 유명한 등장인물 중 한 명인 「상자 속의 사나이」의 벨리코프에 의해 구현된다. 그는 동료들이 어떤 공식적인 지침에서 금지되진 않았지만, 명확하게 허용되지도 않은 일을 할 때마다 앞으로 닥칠 결과를 걱정한다. 독자는 이 인물의 비상식적인 행동보다는 이 이야기의 냉혹한 교훈에 주목해야 한다. 이제 더 이상 아무 일도 일어나지 않을 상자(관) 속에 갇힌 교사의 죽음 이후, 그의 동료들은 잠시나마 자유로운 아이처럼 느낀다. 그러나 일주일도 채 지나지 않아 일상은 본래의 흐름을 되찾는다. "어떤 공식적 지침에서도 금지되진 않았지만, 그렇다고 완전히 허용된 것도 아닌, 회색빛의 고단하고 부조리한 삶"[5]이 다시 시작된다. 벨리코프를 조롱하는 사람들은 그가 단지 그들 자신의 삶을 축약한 상징일 뿐이라는 사실을 망각하고 있다. 그들 역시 다른 현실의 가능성을 탐색할 권리는 없다고 믿으며 살아가고 있다.

자유에 대한 두려움, 이것이 바로 농노제의 가장 중요한 유산이다. 즉, 이들은 자신이 속한 시대와 사회에서 기존 질서의 반복을 넘어서는 변화가 가능하다는 사고를 전혀 하지 못한다. 체호프는 이 점을 「3년」이라는 독특한 제목의 비교적 긴 단편에서 선명하게 드러낸다. 이 제목은 그저 작품 속 사건들이 전개되는 시간저 배경을 나타낼 뿐, 별다른 상징적 이미지를 담고 있지 않다. 사실 이 시간적 배경 자체도 그리 본질적이지 않다. 3년이 아니라 4년 혹은 5년이라 하더라도 이야기의 요지는 변하지 않았을 것이다. 3년이라는 시간은 반복적이고 변화가 거의 없는 일상, 즉 농노제의 잔재에 짓눌려 끝없이 되풀이되는 삶을 응축한 단면이다. 체호프는 주인공 알렉세이 라프체프에게 자신의 몇 가지 자전적 요소를 의도적으로 부여한다. 라프체프는 작가 자신처럼 농노 출신의 조부를 둔 인물로서 상인 계층의 자손으로 그려진다. 또한 체호프와 유사하게 주인공은 부친의 체벌과 종교적 관습에 억눌리며 성장한 인물로 묘사된다. 다만 라프체프 가문의 사업은 체호프의 부친이 경영하던 사업보다 훨씬 더 번창해 그 상속자는 어린 체호프가 감당해야 했던 육체적 노동의 의무에서 벗어날 수 있게 된다. 그럼에도 불구하고 축축한 벽과 좁은 쇠창살 창문을 지닌 어두운 건물, 그리고 부친의 낮고 권위적인 목소리가 법정의 환풍기처럼 끊임없이 윙윙거리며 들리는 이곳은 감옥과 같은 음울한 분위기를 자아낸다. 50명의 일꾼이 상자와 궤짝들 사이에서 분주히 움직이며 노동하는 이 작업장은 마치 사람들을 예속시키는 공간 같다. 노동자들의 육체와 정신에는 예속성이 깊이 새겨져 있다. 이들은 작업장을 떠날 자유가 없으며, 매일 밤 9시가 되어서야 비로소 집으로 돌아갈 수 있다. 그리고 가문의 후손들 역시 그 예속의 굴레에서 완전히 자유롭지 못한 희생자들이다. 이들은 남편을 두려워하는 어머니에게서 태어나, 부친이 매일같이 가하는 구타를 견디며 성장한다. 부친 역시 자신의 부친으로부터 동일한 폭력을 경험했을 텐데, 이는 아마 그의 부친이 주인들로부터 당했던 폭력을 기억하는 방식이었을 것이다. 이러한 예속적인 교육은 라프체프를 왜소하고 마른 사람으로 만들었고, 그는 자신의 빈약한 체구로 인해 깊은 열등감을 갖게 된다. 또한 이는 그를 의지력 없는 존재로 만들어, 경비원과 경찰, 혹은 헌병으로 고용된 스위스 용병들과 같이 약간의 권위를 지닌 사람들 앞에서 주저하며 두려움을 느끼게 한다. 무엇보다 그는 행복이나, 그에게 매우 현실적인 문제인 신뢰를 바탕으로 한 아내와의 사랑을 상상할 수 없는 인물로 변질된다. 이로 인해 그의 사랑 이야기는 시작도 되기 전에 이미 끝나버린 듯하다. 사랑하는 여성에게 냉정하게 거절당했을 때, 그는 더 이상 기대하거나 희망할 필요가 없다는 생각에 오히려 안도감을 느낀다. 이제 그는 단순히 세월의 흐름에 자신을 맡기며 평온한 삶을 살아가게 된 것이다. "개인적인 행복에 대한 모든 기대를 접고, 욕망도 희망도 꿈도 없이 살아야 했다. (…) 세월이 흐름에 따라 늙음은 서서히 찾아올 것이며, 그렇게 삶은 종말을 맞이할 것이다. 그 외에 더 이상 바랄 것이 없었다."[6]

이 이야기는 제2장에서 종결될 수도 있었다. 그러나 이야기가 15장이나 더 전개된 이유는 라프체프의 체념이 젊은 율리아의 단호한 결단과 충돌했기 때문이다. 율리아는 그를 사랑하지 않았기에 그의 구애를 거절했으나, 곧 그것이 충분한 근거가 되는지 스스로 반문하게 된다. 사랑은 덧없는 감정에 불과하며, 소설 속에서나 중시되는 것일 뿐이다. 현실에서는 혼인과 가정을 꾸리는 것이 훨씬 더 중요한 과제다. 젊은 여성이 결혼을 고려할 때 이러한 요소들은 무엇보다 면밀히 숙고되어야 한다. 사려 깊은 율리아는 자신이 속한 지방 도시의 미혼 남성들을 두루 살펴본 후, 라프체프가 비록 외적으로 하찮더라도, 적어도 그는 모스크바에 거주하며 고등 교육을 받았고, 프랑스어에 능통하다는 점에서 어느 정도 우월성을 지니고 있다고 판단한다. 결국 사랑을 내려놓은 율리아와 사랑받기를 포기한 라프체프 간의 결혼이 이루어진다. 이 혼인은 외모는 평범하나 재산이 넉넉한 남성과, 가난하지만 미모를 겸비한 젊은 여성 간의 결합이라는 사회 통념 속의 상업적 계약으로 성립된다.

소설에서는 흔히 이러한 결혼이 간통이나 자살과 같은 비극적 결말로 이어진다. 그러나 체호프와 그의 여주인공은 이러한 비극을 피한다. 율리아는, 비록 사랑하지 않지만 남편에게 충실한 아내가 되겠다는 단순한 계약을 맺는다. 「세 자매」의 이리나와 「공포」의 주인공인 아내 또한 유사한 경험을 한다. 이들 모두는 사랑을 강요받지 않는 한 충실한 아내가 되겠다는 계약을 맺는다. 이러한 상호적 예속 계약 안에서는 작가가 불편해했던 극단적이고도 비극적인 사랑의 드라마를 찾아볼 수 없다. 체호프는 이러한 유의 극적인 사랑 이야기를 귀족 출신 작가들의 영역으로 간주했다. 반면 상업에 종사한 부모를 둔 작가들은 웅장한 드라마를 구성하기보다는 그저 작은 둥지[7]를 만드는 데 그친다. 모든 이야기는 이 좁고 한정된 둥지 안에서 전개된다. 라프체프의 유일한 불행은 자신을 사랑하지 않는 여인과 함께 살아야 한다는 사실이다. 이 불행은 그로 하여금 농노의 손자라는 자신의 현실과, 회의와 불만으로 가득 찬 상인으로서의 삶을 직시하게 만든다. 율리아는 남편의 친구들인 학자 이아르체프, 변호사 코체보이, 영원한 학생 키셰 중 누구도 연인으로 삼지 않는다. 대신 그녀는 남편과 거리를 두며 이들과 토론을 하거나 여흥을 즐길 뿐이다.

체호프는 이야기를 단순히 화해로 끝내지 않고 그 이면에 숨겨진 냉혹한 결말을 드러낸다. 소설의 제목에서 암시된 3년이 흐른 후, 라프체프는 부친의 실명과 형의 정신 질환으로 인해 가업을 이어받는다. 이 시점에서 젊은 아내의 태도는 완전히 바뀌는데, 그녀는 단순히 남편을 돕는 것을 넘어, 그의 부재가 자신에게 진정한 사랑을 깨닫게 해주었다고 고백한다. 그러나 이러한 고백은 이미 무관심에 깊이 빠져 있던 라프체프의 마음을 전혀 움직이지 못한다. 그는 오히려 다가오는 식사에 더 깊이 몰두하며, 아내의 애정 고백조차 정해진 시간에 식사를 해야 한다는 일상의 관성처럼 받아들인다. 한편 그녀는 그의 존재에 너무나 익숙해져 그가 멀리 있으면 괴로움을 느낄 정도다. 그를 향한 그녀의 사랑은 어떤 의미에서 다른 단편소설 「문학 선생」의 주인공을 옥죄는 사랑과 유사하다. 존경받는 교사이자 아내의 애정으로 충만한 젊은 남편은 불현듯 "행복"의 유일한 출구가 어디 있는지 깨닫는다. "오늘 당장 여기서 도망치자, 그러지 않으면 난 미치고 말 거야."[8]

라프체프도 이 유혹에 잠시나마 빠진 적이 있다. 전날 저녁, 공장 안마당에 앉아 가문의 막대한 재산과 이 재산의 관리자이자 돈의 노예로서 살아갈 자신의 운명을 생각하던 중, 가까운 뜰에서 보이지 않는 두 젊은 연인이 서로 열정적인 사랑 고백과 입맞춤을 나누는 소리를 듣는다. 그 순간 라프체프의 머릿속에는 엄청난 재산을 벌어들일 수 있는 사업을 포기하고, 그가 그토록 혐오했던 이 억압적인 장소를 영원히 떠날 수도 있다는 생각이 스쳐갔다. "그는 안마당 한가운데로 나아가 와이셔츠의 가슴 단추를 풀었다. 지금 당장이라도 문을 열고 한 번도 뒤돌아보지 않고 떠날 수 있을 것만 같은 기분이 들었다. 자유에 대한 예감이 그의 가슴을 기분 좋게 죄어왔다. 그는 기쁜 미소를 지으며 다가올 경이롭고 시적이며, 어쩌면 성스러울지도 모를 삶을 상상했……"[9] 단 하나의 문만 열면 모든 것이 끝날 터였다. 그러나 라프체프는 그 문을 넘지 않는다. 그는 자신의 탈출을 가로막는 것이 바로 예속의 습관―습관에 의한 예속―임을 깨닫고, 안마당의 포석 위에 그대로 멈춰 서 있다. 이는 그의 마음속 열망을 억누르는 데 그치지 않고, 그의 몸까지 묶어 완전히 마비시킨다.

「문학 선생」은 주인공이 모스크바행 열차에 탑승했는지 여부를 밝히지 않은 채 끝맺지만, 라프체프가 먼 길을 떠나지 않을 것은 확실하다. 그는 「까다로운 성격의 사람들」에 등장하는 학생처럼 하루의 자유조차 누리지 못할 것이다. 그 학생은 돈 한 푼 없이 낡고 구멍 난 신발을 신고 인색한 부친의 집을 떠나지만, 눈 속에서 굶어 죽어 부모에게 치욕을 안기거나, 혹은 자신을 환대해주는 집에 도착해 그 집의 딸과 사랑에 빠질 것이라는 상상을 한다. 그러나 저녁에 이슬비가 내리기 시작하자 그는 조용히 집으로 돌아가기로 결심한다. 마찬가지로, 라프체프의 눈앞과 마음속에는 시간의 흐름 외에 아무것도 존재하지 않는 듯하다. 그는 지난 3년 동안 점차 자기주장을 명확히 드러내는 아내와 성장한 조카들을 바라본다. 그리고 앞으로의 13년, 혹은 30년의 삶에서 자신이 의지할 수 있는 사람은 오직 자신뿐이라는 사실을 깨닫는다. 라프체프는 시간의 흐름을 담담히 받아들이며 결국 이렇게 결론짓는다. "살아남은 자가 보게 되리라."

3.

전신電信의 노래

그래서 본의 아니게 상인이 된 라프체프는 모든 것을 시간의 흐름에 맡기게 된다. 그러나 시간이 과연 무엇을 창조할 수 있을까? 시간은 과연 어디로 향하는가? 작가는 등장인물과 같은 입장에 설 수 없다. 그는 단순히 시간을 흘러가게 두지 않는다. 작가는 독자가 시간을 관조할 수 있는 위치에 서서, 시간이 멈춘 순간을 포착해 보여주어야 한다. 「불빛」의 철도 제방이 바로 그 예다. 이 철도 제방 위에, 8월의 어느 저녁, 익명의 화자가 우연히 서 있다. 작가는 등장인물이 이곳에 있는 이유를 거의 설명하지 않는다. 독자가 알 수 있는 것은 두 가지뿐이다. 첫째, 그가 의사라는 점이 암시된다. 둘째, 이 의사가 장터에서 돌아오다가 길을 잃었다는 것이다. 그가 왜 장터에 갔는지는 결코 밝혀지지 않는다. 그러나 독자는 이 장터가 스텝 지역의 다양한 이야기를 다룬 니콜라이 고골의 작품에서 중요한 배경이라는 사실을 알고 있다. 길을 잃은 이 의사는, 어떤 의미에서 선배 작가가 표현했던 다채롭고 긴박한 이야기의 세계를 거부하는 체호프의 모습을 보여준다. 단편소설이 고골에게 감각적 세계를 펼치는 시간이었다면, 체호프에게는 어떤 장소에서 우연히 멈춰 서는 순간이다. 독자는 이곳에서 한 사람의 명확한 현재가 시간의 무심함과 맞서는 특별한 상황을 마주하게 된다.

이처럼 거처를 간절히 찾던 길 잃은 여행자는 철도 건설 현장에서 불면에 시달리던 엔지니어의 따스한 환대를 받는다. 전신의 단조로운 울림은 흙더미, 자갈 산, 임시 막사, 깊이 파인 구덩이, 그리고 여기저기 흩어진 손수레로 가득한 혼돈 속을 메운다. 그는 철도 제방 위에 서서 특별한 장면을 목격한다. 그것은 철도를 따라 길게 이어져 밤의 어둠 속으로 사라져가는, 응고된 불빛들의 행렬이다. "이 불빛, 고요한 밤, 그리고 전신의 애잔한 소리에는 분명히 서로 통하는 무언가가 있었다. 마치 오직 이 불빛과 밤, 그리고 전신줄만이 알고 있는 거대한 비밀이 철도 제방 아래 깊숙이 감춰져 있는 듯했다."[10]

멀리서 희미하게 비추는 불빛이 은연중에 간직하고 있는 철도 제방 아래의 비밀은 곧 시간의 비밀이다. 엔지니어 아나니예프에게 그것은 지극히 자명하다. 그것은 정교하게 설계된 약진을 상징하는 노동과 진보의 확연한 성과다. 불과 1년 전만 하더라도 이곳은 황량하고 버려진 스텝 지역에 불과했다. 그러나 이제 이 철도는 생명과 문명의 화신으로 변모했다. 그리고 머지않아 한두 세기 안에, 이 철도를 따라 현대 문명의 삼위일체인 교육, 산업, 보건을 상징하는 학교, 공장, 병원들이 자연스레 자리 잡을 것이다.

진보는 바로 이곳에 있다. 독자는 밤하늘을 가로지르는 긴 불빛의 줄기 속에서 진보를 시각적으로 확인할 수 있으며, 현재의 혼돈이 만들어낼 미래에 대한 엔지니어의 열정적인 말 속에서 그 소리를 들을 수 있다. 물론 그 미래가 도래하는 것은 아직 요원한 일이다. 그러나 화자의 신체는 이미 그 시기를 예견하며, 그 단계를 압축하고 단축하는 듯하다. "그의 검게 그을린 얼굴, 두드러진 큰 코, 그리고 강건한 근육질의 목은 마치 이렇게 말하고 있는 듯하다. 나는 배부르고 건강하고, 지금 내 삶에 만족해. 머잖아 너희 젊은이들도 배부르고 건강하게 살면서 자기 삶에 만족할 날이 올 거야."[11]

　　이것이 바로 작가의 특권이다. 작가는 미래를 예견하는 인물의 신체를 통해, 아직 도래하지 않은 추상적 미래가 이미 가시화된 듯 드러나고, 그 생각이 어떻게 신체를 활력 있게 하고 형성하는지를 보여준다. 동시에 작가는 반대로 그러한 미래의 허망함을 강조하며, 그 미래의 도래를 부정하고, 등장인물의 시선을 해독 불가능한 혼돈 속으로 돌리기도 한다. 모든 것이 얽히고설킨 혼돈의 이미지를 보여주는 철도 제방 위의 의사와 함께, 작가는 엔지니어의 진보적 세계관을 반박하는 제3의 시각을 제시한다. 이 시각을 가진 인물은 엔지니어의 조수인 학생 폰 슈테른베르크다. 그가 처음 마주한 것은 밤의 어둠 속으로 사라져가는 긴 빛줄기다. 미래의 노동자들을 위한 건설 현장은 그의 눈에 엔지니어의 낙관적 사상과는 전혀 다른, 오래전에 멸망한 종족들의 세계처럼 비친다. 이를테면 이스라엘의 적이었던 필리스티아인이나 아말렉인의 병영과 같은 모습이 그에게 떠오른다. 그 종족들의 비극적인 운명은 진보를 주장하는 엔지니어의 운명에 대한 징후와 같다. "우리도 결국 그들과 다르지 않을 것입니다. 지금은 우리가 철로

를 건설하며 미래를 논하지만, 2000년이 지난 후에는 이 철도 제
방과 그 힘겨운 노동에 삶을 바친 모든 사람이 먼지 한 톨조차 남
지 않을 것입니다."[12]

　　이는 또 다른 시간의 표상이며, 각기 다른 세대에 속한 인물
들의 사유 방식의 차이를 드러낸다. 아나니예프의 견해는 1840년
대 자유주의자들과 1860년대 니힐리스트들이 공유했던 과학 및
진보의 숭배와 맥락을 같이한다. 그는 과학을 통한 진보적 발전과
그에 따른 인간의 해방을 믿는 전형적인 인물이다. 반면 1880년대
를 살아가는 학생 폰 슈테른베르크는 전혀 다른 유형의 사상을 구
현한다. 그의 사상은 과학지상주의나 혁명과는 무관한 형이상학
적이고 비관적인 니힐리즘으로, 과학과 진보에 대해 깊은 회의를
품고 있다. 그의 관점에 따르면, 역사는 어떠한 해방적 결말도 약
속하지 않으며, 오로지 죽음으로 치닫는 종말을 향해 나아갈 뿐이
다. 역사는 민족과 문명을 탄생시키지만 곧바로 그것들을 파괴하
고, 심지어 그 흔적마저 소멸시킨다. 그에게 역사는 의미와 방향
을 상실한 맹목적인 힘의 생명체와 유사하다. 따라서 학생과 엔지
니어 간의 논쟁은 상인 라프체프가 깨달은 지혜를 더 극단화한다.
라프체프의 '살아남은 자가 보게 될 것이다'라는 말은 니힐리즘적
관점을 내포하고 있으며, 결국 '살아남은 자는 죽을 것이다'라는
결론으로 귀결된다. 따라서 살아남은 자가 무엇을 보게 될 것이라
는 주장은 본질적으로 무의미해진다.

엔지니어 아나니예프는 그렇게 생각하지 않는다. 작가 역시 마찬가지다. 그러나 두 사람은 이를 같은 방식으로 표현하지 않는다. 이는 아나니예프가 작가의 대변인이 아니기 때문이다. 체호프는 결코 특정한 대변인을 두지 않는다. 그는 자신의 사상을 누군가가 명시적으로 대변하게 하지 않으며, 바로 이 점 때문에 정치색이 강한 그의 동료 작가들은 무관심주의에 빠져 있다며 그를 비판하곤 했다. 그들은 체호프가 중요한 문제들에 대해 입장을 드러내지 않음으로써 반정신적 오류를 범하고 있다고 여겼다. 그러나 체호프는 결코 무관심하지 않았다. 그는 상반된 관념들을 단순히 공정하게 저울질하거나, 그것들을 수량화하여 평가하지 않았다. 대신 체호프는 그 관념들을 신체의 움직임, 목소리의 어조, 현장의 색채와 순간의 질감 속에서 생생하게 체현시킴으로써 각각 다른 무게와 의미를 부여했다.

엔지니어 아나니예프는 젊은 니힐리스트의 반박에 즉각 대응하지 않는다. 그는 자기 삶의 경험을 바탕으로, 청년들의 추상적인 관념을 바로잡으려는 연장자의 전형적인 방식으로 접근한다. 아나니예프는 젊은 시절 자신도 그들과 같은 생각을 했음을 인정하며, 그러나 그러한 관념이 실제로 어떤 결과를 초래했는지 경험을 통해 깨달았다고 설명한다. 이를 예증하기 위해 그는 자신이 겪었던 일화를 들려준다. 이 일화는 소설에서 자주 등장하는 급변과 결말을 지닌 하나의 이야기로, 그의 인생에서 중요한 순간을 담고 있다. 그는 예전에 고향에 잠시 머물렀을 때, 바다를 바라보며 존재의 허무와 삶의 맹목적인 힘에 대해 깊이 사색했던 기억을 떠올린다. 그때 그는 자신에게 2~3일간 일시적인 사랑을 나눌 여인을 만날 수 있다면 좋겠다고, 특히 유부녀라면 더 이상적이겠다 생각하고 있었다. 그 순간 우연히 그는 고등학생 시절 첫사랑이었던 키소치카와 재회하게 된다. 이때 키소치카는 불행한 결혼 생활로 고통받고 있었고, 두 사람의 관계는 자연스레 다시 시작되었다. 몇 차례의 예기치 못한 사건 끝에, 그녀는 그날 저녁 아나니예프의 호텔 방을 찾게 된다. 그러나 여기서 엄청난 오해가 발생한다. 키소치카에게 이 만남은 남편과의 영원한 이별, 과거 생활로부터의 단절, 그리고 새로운 사랑의 시작을 의미했다. 반면 아나니예프에게는 그렇지 않았다. 이러한 오해는 결국 그를 자신이 만들어낸 함정에 빠뜨리고, 그는 몰래 도망칠 수밖에 없었다. 이 도피에서 느낀 수치심은 젊은 아나니예프에게 큰 교훈이 되었다. 그 사건은 존재의 궁극적 무無에 대한 추상적이고 거대한 관념들이 결국 가장 현실적이고 즉각적인 욕망을 충족시키는 도구로 전락할 수 있음을 깨닫게 해주었다.

이 이야기는 학생을 설득하지 못한다. 독자는 화자 또한 학생과 같은 입장일 것이라고 느낄 수 있다. 화자는 이 파렴치한 무위도식자가 아무 비판 없이 신뢰하는 순진한 젊은 여성을 이용하는 이 진부한 이야기가, 쇼펜하우어의 철학에 맞서 무엇을 입증

Портретъ А. Чехова

работа съ копіи съ Ориг. И. Левитана   А. Левитанъ

소설 애호가 중 체호프를 사랑하지 않는 사람을 본 적이 별로 없습니다. 대표적인 광팬 중 소설가 조지 손더스가 있습니다. 손더스는『작가는 어떻게 읽는가』를 체호프의「마차에서」로 시작합니다. 작가는 비 오고 질척대는 길에 불행한 마리야를 데려다놓았지만, 그녀가 체호프의 마법에 의해 어떻게 행복한 사람으로 변해가는지 탁월하게 분석합니다.

랑시에르는 시간의 축에서 체호프의 소설들을 탐독합니다. 시간은 흔히 생각하듯 연대기적인 것이 아니라 돌출된 '순간'으로 바라볼 필요가 있습니다. 이건 축적의 시간을 부정한다는 의미는 아닙니다. 다만 우리는 삶 속에서 '결단'하는 순간이 있고, 그럴 때에야 미래는 우리 손안에 주어집니다.

체호프는 19세기 러시아에 '자유'의 공기가 떠도는 걸 감지했습니다. 하지만 작품 속 등장인물들이 '자유주의자'가 되는 건 원치 않았죠. 문학은 뉘앙스의 예술이므로 정치적 메시지를 담는다 해도 가장자리에서 천천히 스며들 듯 중심으로 들어가야 합니다. 사회에서 '아무것도 아닌 자'들이 자유 쪽으로 한발 담그는 결행을 체호프처럼 보여줄 때 랑시에르는 우리의 감각이 재배치되고 정서의 혁명이 일어난다고 봅니다.

이 책은 문학 텍스트로 읽어도 좋고 철학이나 정치 텍스트로 읽어도 좋습니다. 얇은 두께에서 강한 힘이 나옵니다. 19세기 러시아 픽션 속 인물들은 지금 우리 시대에 되살아날 가치가 충분합니다. 우리도 지금 어둡고 질척거리는 공기 속에서 진짜 '자유'를 모색하는 중이기 때문입니다.

『체호프에 관하여』 편집자 이은혜 드림

할 수 있는지 의문을 품는다. 이 작은 개인적 모험과 그것이 예증하고 있다는 주장 간의 불균형은 너무나 크다. 아나니예프가 자신의 니힐리즘적 이상을 부정한다고 해서 그것이 학교, 공장, 병원의 설립이 가져올 진보적 미래와의 연관성을 확실히 증명하는 것은 아니다. 그리고 이 점에 관해서라면, 작가는 학생 폰 슈테른베르크보다 훨씬 더 강력한 반론자를 제시할 수 있었을 것이다. 독자는 체호프의 작품 「여행 중」에 등장하는 열정적인 리하리오프를 떠올릴 수 있다. 리하리오프는 과학을 숭배하며, 개인적 이익을 넘어선 사회적 사명을 추구하고, 노동자 문제, 니힐리즘, 토지 분배, 러시아 민족 문제, 대중 예술 등에 깊은 관심을 갖고 있으며, 악에 맞서지 않는 비폭력 저항과 같은 여러 진리를 전파하는 데 헌신하는 인물이다. 그러나 독자는 이와 대조적으로 매우 이성적인 라긴 박사를 떠올릴 수도 있다. 체호프의 「6호실」의 주인공인 라긴은 여러 측면에서 반영웅적 인물로 그려진다. 그는 과학을 맹목적으로 경시하지 않는다. 오히려 그는 아파트에서 편히 휴식을 취하면서 파스퇴르와 코흐의 과학적 발견이나 방부제의 발전에 깊은 관심을 가지며 열광하기도 한다. 하지만 라긴에게 과학은 자유와 마찬가지로 아직 먼 미래에나 실현될 가능성이 있는 것이다. 그는 새로운 과학적 발견의 기적이 철도에서 200리나 떨어진 이 '씻지 않은' 오지 마을의 병원에 어떻게 도달할 수 있겠느냐며 회의적인 태도를 보인다. 라긴의 관점에서, 과학이 환자의 건강을 회복시키는 데 도움을 주려면 그저 한두 개의 메스나 온도계와 같은 도구만으로는 부족하다. 병원의 욕실은 감자를 쌓아두는 창고가 아닌, 환자들이 목욕할 수 있는 공간이어야 하며, 회계 담당자, 세탁부, 의료 보조원들 역시 환자들을 속이지 않아야 한다. 더 나아가, 시와 지방 당국은 병원에 진정한 치료 수단을 제공해야 하며, 사람들은 병원에 감금된 극빈자들을 보면서 '집에 있는 것보다 병원에 있는 것이 더 낫다'고 느끼지 않도록 해야 한다는 것이다. 요컨대 이러한 변화가 먼저 이루어져야만 의학이 진정으로 생활 방식과 사고방식을 변화시킬 수 있다. 만약 그러한 변화가 이루어지지 않는다면, 진보의 도구로 간주되는 병원은 결국 자신이 속한 정체된 환경과 예속 상태를 그대로 반영하는 데 그치고 말 것이다. 라긴을 니힐리즘적 무기력과 절망의 나락으로 몰아넣은 것은 쇼펜하우어 읽기가 아니라, 그의 실제 경험에서 비롯됐다. 그는 의사로 일하던 병원에서 환자로 갇히는 상황에 처한다. 치료할 수단이 전혀 없는 상황에서 마치 치료하는 척하는 것이 과연 무슨 의미가 있을까? 더 나아가, 결국 죽음에 이를 운명을 지닌 사람들을 치료하는 것이 과연 어떤 가치를 지닐 수 있을까? 그들의 삶을 돕는 일이 가치 있으려면, 그들의 삶 자체가 가치 있어야 하지 않겠는가?

따라서 의사 라긴의 경험은 학생 폰 슈테른베르크가 영향을 받은 쇼펜하우어의 철학보다 훨씬 더 강력하게 엔지니어 아나니예프의 경험을 논박하고 있다. 그러나 체호프는 이 두 인물을 직접적으로 맞대면시키지 않는다. 대신 작가는 열정적인 아나니예프보다 더 격렬하게 니힐리스트 라긴에게 도전하는 인물을 제시한다. 그 인물은 바로 라긴이 돌보는 환자 중 한 명인 6호 병실의 광인, 이반 드미트리치 그로모프다. 그로모프는 단순한 광인이 아니라, 섬뜩할 만큼 예리한 추리력을 지닌 논리적 사색가다. 그는 모든 것을 철저히 추론하려는 습관 때문에 편집증에 시달리며, 사람들은 이를 광기로 여긴다. 그러나 그의 편집증에는 나름의 이유가 있다. 하급 공무원으로 일하던 그로모프가 편집증 환자가 된 것은 어느 날 거리에서 네 명의 경찰이 족쇄에 묶인 두 명의 죄수를 호송하는 장면을 목격한 순간부터다. "그는 갑자기 이유는 알수 없었지만, 자신도 언젠가 족쇄에 묶여 저들처럼 진흙탕이 가득한 감옥으로 끌려갈 수 있을 것이라는 느낌에 사로잡혔다."[13] 물론 선량한 그로모프는 결코 도둑질이나 살인을 저지른 적이 없다. 하지만 그가 언젠가 실수로라도 그런 범죄를 저지르지 않을 거라는 보장을 어떻게 할 수 있겠는가? 그가 거짓 고발로 억울하게 누명을 쓰는 희생자가 되지 않을 거라고 어떻게 보장할 수 있겠는가? 이미 정해진 절차에 따라 신속하게 처리되는 약식 재판의 희생자가 되지 않을 거라고 어떻게 확신할 수 있겠는가? 철도에서 200리 떨어진 이 오지에서 그는 과연 무죄를 주장할 기회를 얻을수 있을까? 그로모프는 그 장면을 목격한 후, 단 한마디 말이나 사소한 행동으로도 감옥에 끌려갈 수 있다는 불안 속에서 살았다. 이러한 두려움으로 인해 그는 비정상적인 행동을 반복하게 되었고, 결국 광인 병동에 감금되고 만다. 이처럼 그로모프는 라긴과 밀접하게 짝을 이루는 인물이다. 의사 라긴은 사회 자체가 병들었기에 환자를 치료하는 것이 무의미하다고 생각한다. 환자 그로모프는 건강과 질병, 자유와 감금의 경계를 무너뜨린다. 이 두 인물은 병원 내부와 외부, 즉 병원과 그것이 단순히 반영하고 있는 예속된 사회 간의 완전한 가역성을 증언하고 있다. 결국 라긴은 자신이 돌보던 환자와 동일한 운명을 맞이하게 된다. 어느 날 그는 건강과 질병을 구분하는 경계를 넘어서며, 단지 가둬두어야 할 광인과 대화를 나누기로 자발적으로 결심한다. 아이러니하게도 그 광인은 그 도시에서 유일하게 논리적으로 사고할 수 있는 사람이다. 라긴의 이러한 돌발 행동은 동료들과 병원 당국에 의해 광기로 간주되어, 결국 그도 환자들과 함께 감금되고 만다.

광인과의 대화는 단순히 라긴의 이성적 인간으로서의 명성을 훼손하는 데 그치지 않는다. 더 나아가 그의 판단력 자체, 그리고 사회적 숙명과 시대의 불가피한 불행에 대한 체념마저 송두리째 무너뜨린다. 라긴은 헛되이 그로모프를 설득하려 한다. 그는 사회와 시대로부터 비롯된 악에 순응해야 하며, 사물의 이치를 깨닫고 사회적 우연을 무시하는 현자의 내적 자유 속에서 평온을 찾아야 한다고 주장한다. 그로모프도 자신이 광인의 자리에 있고 라긴이 의사의 자리에 있는 것이 단순한 우연임을 알고 있다. 그러나 그로모프는 라긴과 달리 이 "우연"을 정상적인 것으로 받아들이지 않는다. 그는 불의의 희생자에게 내적 자유라는 현자의 피난처에 안주하라고 요구하는 무책임한 철학을 단호히 거부한다. "사람들은 우리를 붙잡아 이 철창 감방에 가두고 학대합니다. 어쩌면 그것이 받아들일 수 있는 합리적인 일인지도 모르겠군요. 왜냐하면 이 감방과 따뜻하고 안락한 진료실은 별반 다르지 않기 때문입니다. 참으로 편리한 철학이지요. 우리는 특별히 할 일도 없고, 깨끗한 양심으로 스스로 현자라고 느낄 수도 있습니다. (⋯) 아닙니다, 선생님. 그것은 철학도, 사유도, 모든 것을 통찰하는 관점도 아닙니다. 그것은 나태, 신비주의적 행동, 그리고 마르모트의 무감각 상태일 뿐입니다."[14]

　독자는 광인 그로모프를 작가이자 의사인 체호프의 대변인으로 충분히 여길 수 있을 것이다. 체호프는 과학을 신뢰하고 예속 상태에 안주하는 자들에 대해 분노를 드러낸다. 그러나 그는 다시금 명확한 대변인을 내세우지 않는다. 대신 작가는 등장인물들이 그들의 환경에 의해 긍정적이든 부정적이든 영향을 받으며 서로 직접적으로든 간접적으로든 논박하는 말의 장치와 논리적 갈등을 구축한다. 과학자이자 의사인 라긴의 경험은 진보를 신봉하는 과학자이자 엔지니어인 아나니예프의 경험과 신념을 간접적으로 반박한다. 그러나 그 경험은 다시 현장에서 그로모프라는 광인의 이성에 의해 부정된다. 이러한 논리의 순환은 여기서 멈추지 않는다. 왜냐하면 첫 번째 인물의 이성적인 합리주의와 두 번째 인물의 편집증적 과잉 합리주의는 어느 화자도 우세하지 않게 만드는 서술 구조에 의해 중단되기 때문이다. 「6호실」은 그저 라긴의 죽음으로 끝나며, 이는 그의 철학에 대해 찬성도 반대도 어떤 증거도 제공하지 않는다. 그리고 「불빛」은 논쟁의 결론 없이, 진보의 현장 한가운데에 어리석은 개가 우뚝 서 있는 혼란스러운 광경으로 마무리된다. "말 안장에 올라타서, 나는 마지막으로 아나니예프와 학생, 흐린 눈으로 광기에 사로잡힌 개, 아침 안개 속에서 철도 제방 위를 스쳐 지나가는 노동자들, 그리고 목을 길게 빼고 있는 여윈 말을 바라보며 생각했다. 우리는 이 세상의 그 어떤 것도 해결하지 못할 거야."[15]

이것은 방문자가 내린 결론일지 모르지만, 이야기의 끝은 아니다. 사실 이야기는 끝나지 않는다. 아니, 오히려 하나의 시작으로 끝난다. 마치 하루의 시작처럼 "태양이 떠오르고 있다……".

4.　　　　　　　　　　　새로운 여명?

체호프는 논리가 끝없이 순환하는 인간 갈등의 본질을 몇 가지 전형적인 시나리오로 고정시킨다. 그중에는 분노에 휩싸인 그로모프와, 만족하거나 체념한 이들, 그리고 냉소적인 인물들 간의 대립이 포함된다. 또한 회의적인 학생이 진보주의자인 아나니예프와 충돌하는 논리도 있다. 그러나 일반적으로 두 종류의 진보주의자들 간의 치열한 논쟁이 주를 이룬다. 한쪽에는 노동, 과학, 자선 활동을 통해 민중의 생활 조건을 개선하고자 애쓰는 사람들이 있으며, 특히 여성들이 두드러진다. 예를 들어 「다락방이 있는 집」의 주인공 리다는 학교, 도서관, 진료소, 약국을 설립하는 데 헌신하며, 더 나아가 자기 집에서 사람들을 가르치기까지 한다. 반면 이러한 물질적 개선이 단순히 새로운 욕망과 예속의 형태를 만들어 낼 뿐이라고 주장하는 이들도 있다. 그들은 민중에게 제공해야 할 것이 초등학교나 병원이 아니라, 노동에서 해방되어 정신적 삶을 탐구할 수 있는 수단이라고 강조한다. 리다의 이웃인 화가는 바로 그러한 시각을 가지고 있으며, 「나의 인생」의 블라고보 박사 또한 유사한 생각을 드러낸다. 그는 지식인들이 민중과 삶을 나누기보다는 인류의 정신적 진보와 미래의 도전을 위해 학자나 예술가로서 자신의 능력을 계발하는 것이 더 낫다고 믿는다. 이를 듣고 있던 다른 인물은 "진보하는 것들" 속에 다양한 예속의 형태도 포함해야 한다고 반박한다.

논쟁은 끊임없이 서로 반박되며, 진보의 논리는 예속의 논리로 전복된다. 그러나 이러한 논쟁에서 오직 예속된 인물들만이 모든 것이 헛되며, 모든 상황과 행동이 동등하다는 결론을 내린다. 논쟁은 결론 없이 끝나지만 여전히 잔존하는 요소가 있다. 그것은 정신 속에 들러붙어 마치 나침반처럼 작용하는 요소들, 즉 순간들, 감각들, 빛, 영상들이다. 철도 건설 현장의 익명의 방문자는 밤새 토론을 거친 후 세상의 이치를 알 수 없다는 유일한 결론에 이른다. 그럼에도 불구하고 이 방문자는 두 가지 인상을 기억에 남긴다. 그것은 빛의 전경과 키소치카의 이미지로, 이 두 인상은 동시에 독자에게 전달된다. 이 두 요소의 관계는 무엇인가? 이는 니힐리스트 학생 폰 슈테른베르크와 독자가 공유했던 질문이다. 이 학생은 아나니예프가 한 명이 아닌 500명의 키소치카를 유혹하더라도, 그것이 역사의 진보와 경험의 미덕에 대해 무엇을 증명할 수 있을지 이해하지 못했다. 독자는 한 여성의 유혹과 버림에 관한 이 평범한 이야기가 어떻게 폰 슈테른베르크의 니힐리즘적 견해를 반박할 수 있을지 궁금해했다. 이제 우리는 그 답을 제시할 수 있다. 겉보기에 사소하고 진부한 이 이야기는 결국 삶은 공허하다는 니힐리스트 학생의 주장을 반박한다. 그러나 이 이야기가 겨냥하는 것은 단순한 도덕적 결과, 즉 냉소주의자들이 주장하는 선과 악의 등가성에 그치지 않는다. 이 이야기는 사건의 본질, 다시 말해 시간의 사용이라는 문제를 명확히 제기한다. 문명의 운명에 대한 거대한 담론에 맞서는 것은 한순간에 벌어지는 일에 대한 세심한 주의력이다. 엔지니어는 이 모든 문제를 한 문장으로 요약한다. "내 눈에 평범한 즉흥적인 사랑이 그녀에게는 삶의 완전한 혁명이었다."[16]

젊은 아나니예프의 오류는 그 순간 키소치카에게, 그리고 자기 자신에게 일어난 일을 인식하지 못했거나, 인식하려 하지 않았다는 데 있다. 그의 평범한 이야기는 이러한 맥락 속에서 니힐리즘적 관점을 반박할 수 있는 중요한 근거를 제공한다. 그는 여성을 유혹하는 남성들이 흔히 따르는 통념, 즉 순간의 쾌락을 위해 행동했다. 순진한 여성이거나, 혹은 사랑 이야기에 지나치게 심취해 자기기만에 빠진 여성만이 그러한 순간적 만남을 새로운 인생의 출발점으로 여긴다. 그러나 혼외관계를 삶의 근본적인 변혁으로 이끌려는 여성을 비웃는 태도 속에는, 더 근본적인 혁명의 가능성 자체를 부정하는 깊은 뿌리가 자리하고 있다. 이성적인 사람에게 시간은 언제나 통상의 범위를 넘어서지 못하는 법이다. 즉, 진지한 일과 관련된 일상이 존재하고, 그 외에는 작은 즉흥적 사랑과 같은 유희적 일상만이 있을 뿐이다. 이처럼 유혹자가 행사하는 권력은 결국 동일한 시간, 즉 예속된 의식의 시간에 대한 복종에 지나지 않는다. 이러한 측면에서 볼 때, 교훈을 주려는 아나니예프보다 오히려 니힐리스트 학생의 말이 더 타당하다. 나이와 경험이 많다고 해서 이러한 문제를 더 나은 방식으로 해결할 수 있는 것은 아니다. 그의 경험은 결국 동일한 복종을 반복했을 뿐이며, 이는 지지한 일의 시간과 유희의 시간 사이의 관습적 분할을 그대로 답습하는 것이었다. 반면 순진한 아나니예프가 자신이 애써 외면했던 키소치카의 환상을 되새기며 그 결정적 순간을 상기하는 것은 타당하다. 그 순간은 전례 없는 시작이자, 통상적인 시간에 균열을 낼 가능성을 품으며, 삶의 진리를 발견하기 위해 누구나 맞이할 수 있는 새로운 출발의 기회를 제공한다.

왜냐하면 한순간은 단순히 지나가는 것, 언제나 서로 닮은 시간들을 구성하는 무차별적인 요소가 아니기 때문이다. 그것은 멈춤, 새로운 시작, 그리고 새로운 삶의 가능성을 나타내는 한 줄기 빛이 될 수도 있다. 「나의 인생」의 불행한 주인공이 "어떠한 것도 흔적 없이 사라지지 않는다. 우리가 내딛는 가장 작은 발걸음조차 현재와 미래의 삶에 의미를 지닌다"[17]고 말하는 것처럼, 바로 이 또 다른 시간의 돌파구, 다가올 삶의 부름을 젊은 아나니예프가 처음에는 단순히 사랑에 빠진 순진한 여자의 환상으로 치부했던 그 순간에 발견할 수 있었을 것이다. 키소치카가 예감한 "자기 삶의 완전한 혁명"은 체호프의 작품에서 자주 나타나는, 예속된 시간에 균열을 내며, 먼 곳에 있는 다른 삶의 가능성을 암시하는 섬광과 같은 순간 중 하나다. 이러한 순간들은 다양한 상황과 여러 등장인물에게서 불쑥 나타난다. 예를 들어 「꿈」에서 경찰들은 자신들의 직무를 망각한 채 시베리아의 광활한 자유로운 공간을 유랑자와 함께 바라본다. 또한 「어느 이름 없는 사람의 이야기」

에서는 혁명적 변화를 도모하기 위해 하인으로 일하던 이름 없는 주인공이 그 직업을 포기할 때, 그러한 일탈의 순간을 포착할 수 있다. "나는 인간이 접근할 수 있는 모든 것을 내 짧은 인생에 끌어안아 포함시키고 싶었다. 나는 말하고 싶었고, 책을 읽고 싶었으며, 대형 공장에서 망치를 휘두르고 싶었고, 경비를 서고, 밭을 갈고 싶었다."[18] 「농민들」에서 주코보 마을의 술에 찌든 농민들에서도 동일한 순간을 관찰할 수 있다. 이들은 삶의 원천인 성모 마리아 상의 예배 행렬로 인해 모든 것이 변화된 시간을 경험한다. "모든 사람이 문득 하늘과 땅 사이에 공허가 존재하지 않으며, 부유하고 강한 자들이 아직 모든 것을 차지하지 않았고, 여전히 모욕과 예속, 무거운 고통과 견딜 수 없는 빈곤, 그리고 끔찍한 보드카로부터 보호받을 방법이 있다는 것을 깨달은 것 같았다."[19] 독자는 또한 종교적 광신으로 형제를 살해하고, 사할린 유형지에서 노역으로 죗값을 치르고 있는 과거의 신자 야코프 이바니치에게서도 그러한 결정적 순간을 발견할 수 있다. "그는 눈물 맺힌 눈으로 언제나 먼 곳에서 희미하게 반짝이는 배의 불빛을 쳐다본다. 향수에 사로잡히면, 그는 삶의 열망을 느끼며, 집으로 돌아가 새로운 신앙을 전파하고, 단 한 사람이라도 구원하며, 단 하루라도 고통 없이 살고 싶다는 열망을 품었다."[20] 그러나 독자는 다른 삶의 부름에 대한 가장 완벽한 진술을 어쩌면 「문학 선생」속 니키틴의 상상에서 찾을 수 있다. "그는 가족의 평온한 행복에 미소 짓는 작은 등불의 부드러운 빛 너머, 그와 차얀 고양이가 너무나 평온하고 즐거운 삶을 누리고 있는 이 작은 세계 바깥에 또 다른 세계가 존재한다는 것을 상상했다. (⋯) 그리고 그는 갑작스레 이 다른 세계로 가겠다는 고통스럽고도 미친 듯한 열망을 느꼈다. 그는 그곳에서 공장이나 큰 작업장에서 자신의 손으로 노동하고, 강단에서 말하고, 글을 쓰고, 출판하고, 사람들에게 회자되며, 피곤하고 고통받고 싶었다. (⋯) 그는 자신을 잊게 하고, 자신의 개인적인 행복에 초연해질 수 있는 어떤 것에 매달리고 싶었다."[21]

다른 삶이란 단순히 사회적 지위의 급격한 변화를 의미하지 않는다. 그것은 언제나 예속 상태에 안주하려는 삶으로부터 벗어나는 일탈이다. 이러한 부름은 술에 빠진 농민들뿐만 아니라 부유한 상인이나 존경받는 교수도 느낄 수 있는 것이다. 그저 반복되는 시간을 넘어서는 무언가가 존재한다. 그것은 각자에게 단 한 번만 주어지는 개인적인 삶이다. 그러나 그것이 도수가 높은 술이든, 높은 사회적 지위든, 혹은 부부 간의 사랑이든, 개인적인 행복을 넘어서 존재하는 또 다른 무언가가 있다는 사실을 우리는 깨닫는다. 이 무언가는 삶의 강렬함과 깊이 관계있다. 그 강렬함은 순간적일 수도, 지속되는 것일 수도 있으며, 때로는 고통을 가져오기도 하고, 고통에서 해방시켜주기도 한다. 공장에서 직접 노동하거나 대학 강단에서 가르치는 과정을 통해서도 그 강렬함을 찾을 수 있다. 이는 개인적 야망의 충족이 아니라, 개인적 행복의 "단조로운 감각"을 넘어서는 것이며, 단순히 그러한 행복에 안주하는 세상으로부터 탈출하려는 내면의 노력이다.

이것은 "새로운 삶Новая жизнь"(노바야 지즌)이라는 두 단어로 표현된다. 이 표현은 당시 러시아에서 강한 울림을 지니며, 예속 상태가 실질적으로 사라질 미래에 대한 열망을 나타낸다. 노바야 지즌은 러시아 사회민주주의의 첫 기관지 이름으로 채택될 것이며, 이후 혁명적 이상을 담은 신세계의 슬로건이 된다. 나아가 스탈린주의 시대에는 이 표현이 공식적인 정치 슬로건으로 자리 잡는다. 이 두 단어에는 더 많은 기회를 제공하는 사회적 정의와, 더 진실된 삶을 추구하는 개인의 능력이 조화를 이루는 세계에 대한 명확하거나 혼란스러운 시각이 어느 정도 집약되어 있다. 그리고 어떤 혁명가라 하더라도, 결혼식 전날 밤 네 명의 하인이 부엌 바닥에 누워 잠드는 집을 떠난 약혼녀의 꿈꾸는 방식을 감히 부정하지 못할 것이다. "이 새로운 삶이 하루빨리 찾아와, 그 안에서 모두가 자신의 운명을 당당히 마주하고, 자신의 권리를 깨달으며, 기쁨 속에서 자유를 만끽할 수 있기를!"[22] 하지만 이 미래를 향한 길에서 혁명가들은 결코 떨쳐낼 수 없는 시대의 질문을 던질 것이다. '무엇을 할 것인가?' 이 질문은 1861년에 출판된 니콜라이 체르니솁스키의 소설 제목으로, 혁명가 세대 전체에 깊은 영감을 불어넣었다. 또한 레닌은 1902년에 이 제목을 의도적으로 차용해 경제주의와 자발성 신봉주의라는 두 가지 주요 악습을 비판한 유명한 소책자를 발간했다. 이 질문은 체호프의 등장인물들이 끊임없이 던지거나 스스로에게 하는 근본적인 물음이기도 하다. 물론 질문을 제기하는 방식은 다르다. 이는 체호프가 혁명가가 아니며, 러시아에서의 혁명을 신뢰하지 않았기 때문일 뿐만 아니라, 그가 무엇보다 작가이기 때문이다. 작가는 낱말의 다의성과 표현의 미묘한 뉘앙스를 동시에 인식하는 존재다. '무엇을 할 것인가?'라는 질문은 레닌에게는 서로 모순되는 여러 답변 중 하나를 선택해야 하는 일방적인 질문이다. 그러나 낱말의 의미와 체현을 중시하는 작가인 체호프에게는 모순 자체가 이미 이 질문의 핵심에 자리한다. '무엇을 할 것인가?'는 두 가지 정반대 의미를 가질 수 있다. 하나는 어떤 방법을 통해 현재의 상황을 바꿀 것인가라는 의미이고, 다른 하나는 이 상황에서 무엇을 할 수 있겠는가, 즉 할 수 있는 일은 아무것도 없으며 상황은 결코 변하지 않을 것이라는 의미다. 이것이 바로 「어느 이름 없는 사람의 이야기」 주인공의 냉소적인 지혜다. 각성한 "자유주의자" 오를로프는 새로운 삶을 갈구하는 자기 연인의 꿈을 조롱하면서 자신을 비난하는 그녀의 주장에 친절하게 답변한다. "맞습니다, 나는 비정상적이고 부패했으며 무용지물한 삶을 영위하고 있습니다. 나는 비겁함 때문에 새로운 삶을 시작하길 주저하고 있습니다. 이 점에 관한 한 당신의 말이 옳습니다. 하지만 당신이 그것을 그렇게 마음에 두고, 감정적으로 동요하며, 절망에 빠지는 것은 이치에 맞는 행동이 아닙니다. 이

부분에서는 당신이 완전히 잘못되었습니다."[23] 하지만 이것은 또한 라긴 박사나 그의 동료 아스트로프의 체념적인 지혜이기도 하다. 아스트로프는 『바냐 아저씨』에서 자기 친구가 언급한 "새로운 삶"을 비웃으면서 누구도 반박할 수 없는 확언으로 자신의 조롱을 정당화한다. 새로운 삶을 생각할 수 있으려면, 이 지역에 정직하고 지적인 사람이 두 명 이상 있어야 하지 않겠는가? 과학이 사회를 변화시킬 수 있으려면, 사회 자체가 이미 변화했어야 한다. 혁명에 대해서도 같은 논리를 적용할 수 있다.

이와 같은 분석에 따르면, 독자는 체호프의 단편소설에 등장하는 유일한 혁명가, 「어느 이름 없는 사람의 이야기」의 이름 없는 주인공에게 큰 기대를 걸 수 없다는 사실을 깨닫게 된다. 독자는 작품 속에서 이 인물이 어느 순간에도 혁명적 행동을 취하거나 그것에 대해 논하는 장면을 발견할 수 없다. 이 인물은 매우 기이한 혁명가로 비칠 수 있다. 물론 여기에는 그럴 만한 이유가 있다. 그가 자신의 본래 신분, 임무, 사상을 은폐해야만 그의 비밀 활동이 성공할 수 있기 때문이다. 그는 저명한 권력자의 아들인 냉소적인 오를로프의 하인으로 일하고 있다. 독자는 그가 거짓 신분을 활용해 이 권력자의 계획과 의도를 면밀히 파악하고, 암살을 준비하고 있음을 알아차리게 된다. 그런데 어느 날, 그가 혼자 있을 때 그 권력자가 뜻밖에도 아들의 집을 방문한다. 이는 가짜 하인으로서 그에게 적을 제거하고 아무도 모르게 사라질 수 있는 절호의 기회었다. 그러나 그는 이 중요한 순간을 활용하지 못한다. 나이 든 권력자의 비탄에 찬 얼굴과 가슴을 장식한 훈장들은 그에게 증오보다는 세상 만물의 덧없음이라는 상투적인 사색을 불러일으킬 뿐이었다. 그는 인간과 사회에 필연적으로 닥쳐올 죽음을 전제하면, 모든 인간의 행위는 결국 헛된 우스갯거리에 불과하다는 학생 폰 슈테른베르크의 니힐리즘적 통찰에 매료된 듯하다. 그러나 작품의 흐름을 면밀히 따라가는 독자는 그가 권력자를 처단하지 않는 이유가 단순히 철학적 신념 때문이 아니라, 자신이 선택한 하인이라는 신분에 대한 집착 때문임을 깨닫는다. 사실 예속을 타파하기 위해 하인으로 일한다는 발상 자체가 기이한 역설이다. 도스토옙스키, 레스코프, 곤차로프와 같은 체호프의 선배 작가들은 혁명가들을 경계하며, 그들을 어리석은 자나 악당으로 묘사한 바 있다. 체호프는 이 작품에서 혁명가들에 대해 애정이나 미움을 직접적으로 표현하지 않고, 오히려 니힐리즘 세대가 상상한 혁명적 음모의 형태에만 주목하고 있다. 그는 특히 이 음모에 내재된 목적과 수단의 불일치라는 근본적인 모순을 꼬집고 있다. 혁명의 목적인 지배 계층의 파괴와, 그 수단인 고위 관료의 하인 역할 사이에서는 명확한 관련성을 찾기 어렵다. 비밀 혁명가는 아들을 찾아온 노인을 마주하고도 그가 자신이 겨냥했던 목표였음을 알아채지 못한다. 그가 대의를 위해 쌓아온 에너지는 결국 허망하게도, 주인의 옷을 정리하거나 애인에게 편지를 전달하는 하찮은 일들에 허비되고 말았다. 그는 자신의 계획을 단념할 뿐만 아니라, 오를로프에게 버림받은 연인 지나이다의 간청에 이끌려 무력한 모습을 드러낸다. 지나이다는 그와의 만남에서 새로운 삶의 출발을 꿈꾸었으나, 그가 자신의 비밀 정체를 밝히고 오를로프의 배신을 알려주자 그녀는 그를 통해 새로운 미래로 나아갈 수 있다고 믿고 그와 함께 떠난다. 그러나 출산과 자살을 앞둔 순간 그녀가 마지막으로 던진 질문, '무엇을 할 것인가?'에 대해 각성한 혁명가는 어깨를 으쓱할 뿐 아무런 대답도 하지 못한다. 체호프의 작품에 등장한 유일한 혁명가는 아무것도 시도하지 못하고 무대에서 퇴장한다. '무엇을 할 것인가?'라는 질문은 결국 회의적인 "자유주의자" 오를로프의 질문, '이 상황에서 무엇을 할 수 있겠는가?'로 환원된다.

바로 이 점에서 사랑에 빠진 여성들의 "순진함"은 자유주의자들의 조롱과 혁명가들의 전략적 계산을 능가한다. 사랑은 목적과 수단을 분리하지 않는다. 새로운 삶, 자유롭고 진정한 삶은 결코 예속과 기만에서 비롯될 수 없다. 예속의 악순환을 끊기 위해서는 지금 이 순간의 행동이 이미 미래 삶의 원칙을 구현하고 있어야 한다.

어떻게 현재에서 이러한 미래를 예견할 수 있을까? 사람들은 여성들의 열망 속에서 그것을 어렴풋이 감지할 수 있지만, 그 시기에는 오히려 다른 곳에서 그 답을 찾으려 했다. 사람들은 그 답을 주저하지 않고 그들의 활동이 방대하고 불투명하지만 다가올 세계의 긍정적 힘을 담고 있는 듯한 존재, 즉 노동자라는 인물 속에서 찾는다. 노동자가 된다는 것, 망치를 다루고 대형 공장에서 일한다는 것, 더 이상 한가한 이들의 긴 저녁 시간을 모르는 것, 이것은 문학 선생과 비밀 혁명가뿐만 아니라 「세 자매」의 살롱에 출입하는 무료한 장교들의 꿈이기도 하다. "인간은 일을 해야 합니다. 단 한 사람의 예외도 없이, 모두가 이마에 땀을 흘리며 노력해야 합니다. 그것이 바로 삶의 의미와 목적, 그리고 진정한 행복과 기쁨입니다"[24]라고 어린 동생인 이리나가 말한다. 그리고 그녀의 연인인 투젠바흐 남작은 한발 더 나아간다. 노동은 그에게 개인의 필요를 초월한 새로운 역사의 도래를 의미한다. "시간이 도래했습니다. 우리에게 거대한 무언가가 다가오고 있습니다. 자비로운 엄청난 폭풍이 몰아칠 겁니다. 그것은 바로 우리 앞에 있으며, 게으름, 무관심, 노동에 대한 편견과 병적인 권태를 우리 사회에서 곧 쓸어갈 것입니다. 나는 노동할 것입니다. 그리고 25년 혹은 30년 안에 모든 사람이 노동하게 될 것입니다. 모두가!"[25]

투젠바흐는 벽돌 공장의 노동자가 되기 전, 그리고 이리나와 결혼하기 전 결투에서 죽임을 당한다. 따라서 그는 다가올 세상의 역사적 힘으로서의 노동과 일상의 직업으로서의 노동 사이의 간극을 경험하지 못한 채 생을 마감한다. 이 간극은 체호프의 「벚꽃 동산」에서 혁명적 학생 페차(트로피모프)와 농노 출신의 자수성가

한 자본가 로파힌의 대립을 통해 무대 위에 등장한다. 전자는 긴 독백을 통해 진리의 승리를 위한 노동의 필요성을 부르짖는다. 후자는 자신이 아침 5시 전에 일어나 저녁까지 일한다고 상기시키며, 진정한 노동자가 바로 자신이라고 주장한다. 비록 그것이 여름 별장과 같은 소박한 형태일지라도, 더 나은 삶을 위한 조건을 만들어내는 사람이라고 자처한다. 그러나 체호프는 이 근본적인 모순, 즉 어떻게 현재의 노동자이면서 동시에 미래의 노동자가 될 수 있는지를 다루는 임무를 다른 인물에게 부여한다. 이 인물은 「나의 인생」의 주인공이자 반영웅적 인물인 미사일이다. 독자는 이 제목에서 유력한 가문의 아들이 노동자가 되기로 결심하는 과정을 담은 성장소설을 기대해서는 안 된다. 체호프의 작품은 어떤 것도 영웅의 유년 시절부터 이야기를 시작하지 않으며, 그의 인물 중 누구도 특정 이념의 상징으로 묘사되지 않는다. 이념은 그들이 살아가는 삶을 외부에서 해석한 주석에 지나지 않는다. 따라서 미사일이 독자에게 들려주는 "인생"은 중간에서 갑작스럽게 시작된다. 그것도 아주 우스꽝스러운 장면으로. 그는 도시의 건축가인 아버지의 영향력 덕분에 얻은 아홉 번째 일자리에서 해고된다. 미사일은 공사장에서 잠시 전신공으로 일한 후 건물의 페인트공이 된다. 많은 비평가는 종종 미사일의 이야기를 민중과 함께하는 삶을 살라는 톨스토이의 호소에 대한 비판적 예로 여기곤 한다. 그러나 이 작품의 전개를 세밀하게 살펴보면, 미사일의 이념적 동기는 거의 찾아볼 수 없다. 그는 철학적 신념에 의해 노동자가 된 것이 아니라, 여러 우연한 상황에 의해 그 길을 걷게 된다. 미사일은 국가 고위 공직자의 미래를 보장할 관료주의적 체계의 논리를 전혀 이해하지 못했다. 기계적인 반복으로 이루어진 관료들의 일은 그에게 철저히 무의미한 것으로 보였다. 이는 그에게 단순한 현실적 문제였다. 그는 이른바 지적 직업의 영역을 벗어나 손으로 생계를 꾸리는 사람들과 같은 평범한 조건과 의무로 돌아가야 한다고 스스로 인식하게 된 것이다.

그러나 이런 평범한 삶은 상류층을 떠난 전향자 미사일에게 곧 두 가지 측면에서 괴리감을 느끼게 만든다. 한편으로 그는 생계에 꼭 필요한 것들에 집중하게 되면서 노동의 가치와 그 특별한 의미마저 상실한다. 그는 이렇게 말한다. "나는 이제 노동이 필수적이고 불가피한 사람들 사이에서 살고 있다. 그들은 대부분은 노동의 도덕적 의미를 자각하지 못한 채, 대화에서 '노동'이라는 단어조차 사용하지 않고, 마치 짐수레 끄는 말처럼 허덕이며 일하고 있다."[26] 다른 한편, 미사일의 사회적 추락이 가져온 충격은 같은 출신 계급의 사람들에게—특히 톨스토이의 독자들에게—그를 육체노동의 도덕성과 종교적 사도로 보이게 만든다. 그의 더러운 손과 테레빈유 냄새는 그를 전신공 자리에서 내쫓았던 엔지니어의 딸에게 새로운 삶의 영웅으로 비치게 한다. 그녀는 미사일을 남편으로 맞이하면서, 그가 완벽한 본보기가 되기를, 나아가 그가 그녀가 상상하는 미래의 인간에 가장 가까운 화신이 될 것을 강요한다. "당신이 먼저 각자가 몸소 노동해 빵을 얻어야 한다고 여러 차례 말하지 않았나요. 그런데 당신은 빵을 얻는 게 아니라 돈을 벌고 있잖아요. 왜 당신의 말을 그대로 따르지 않나요? (…) 밭을 갈고 씨를 뿌리고 수확하고 탈곡하면서 진정으로 빵을 얻어야 해요."[27] 이에 미사일은 땅을 일구는 것에 대해 특별한 애착이 없었음에도 불구하고 아내의 이상을 실현하고 그녀의 농업 지침을 따르며 농부가 된다. 그러나 시골생활과 농민들과의 관계는 엔지니어의 딸이 꿈꾸던 목가적인 이상과 크게 충돌한다는 사실이 곧 드러난다. 결국 그녀는 미사일을 떠나 예술적 꿈으로 포장된 사교계 생활로 복귀한다. 하지만 떠나기 전, 그들의 모범적 경험에서 어떤 마르크스주의자도 부정하지 않을 변증법적 교훈을 도출한다. "우리는 많은 일을 했고, 많은 생각을 했으며, 그로 인해 우리는 더 나아졌습니다. ─우리에게 명예와 영광이 있기를! ─우리 삶은 개선되었지만, 이러한 개인적 진보가 주변 삶에 뚜렷한 영향을 미쳤습니까? 단 한 사람에게라도 유익한 결과를 가져왔습니까? 그렇지 않습니다. 무지, 불결함, 술주정, 그리고 높은 유아 사망률, 모든 것은 여전히 예전 그대로입니다. 당신이 밭을 갈고 씨를 뿌리고, 내가 돈을 쓰고 많은 책을 읽었다는 이유로 누군가의 운명이 개선된 경우를 관찰할 수 없었습니다. 어쩌면 우리는 오로지 우리 자신만을 위해 일했고, 우리만을 위해 수많은 계획을 구상해

왔던 것입니다"[28]

논리의 순환은 이렇게 작동한다. 새로운 삶을 배반하지 않으려면 지금 당장 미래의 인간이 되어야 한다. 하지만 그렇게 되려는 노력은 결국 자기 삶을 개선하는 데만 몰두하는 결과를 낳는다. 모든 것이 결국 사라질 것이라고 믿는 니힐리스트 학생처럼, 변증법적 사고를 지닌 그녀는 확신에 차 세상을 떠돌 것이다. 미사일은 능력 있고 존경받는 기업가가 되기로 결심하면서도, 단순한 노동자의 삶으로 되돌아갈 것이다.

그러나 혁명의 변증법론자들에게 이 이야기의 교훈은 명확하다. 단순히 노동자가 되는 것만으로는 미래를 구축할 수 없다. 미래를 구축하려면 노동계급의 집단적 힘을 조직해야 한다. 민중의 삶을 공유하려는 사도들의 시대는 이제 종언을 고했다. 이제 상류계급에서 전향한 이들의 역할은 자본주의 체제를 전복하기 위한 집단적 투쟁을 조직하는 데 있다. 미사일의 실패를 다룬 이 작품은 1896년 10월에 출간되었으며, 이후 18개월 뒤 러시아 사회민주노동당이 민스크에서 창당된다.

5.

순간의 힘

러시아 사회민주노동당의 창당은 변증법론자들의 결론이다. 그러나 작가는 변증법론자가 아니다. 이는 무엇보다 작가가 명확한 결론을 내리지 않는다는 사실을 의미한다. 미사일의 이야기는 어떤 확고한 진리를 입증하려 하지 않으며, 이 작품에는 뚜렷한 결말이 없다. 단지 이야기가 끝날 뿐이며, 그 끝마저 이전의 이야기와 단절되지 않고 이어지는 연속선상에 놓여 있다. 이는 앞선 순간들과 이어진 또 하나의 순간일 뿐이며, 이후 어떤 순간이 이어질지는 작품에서 드러나지 않는다. 이 마지막 순간은 어느 일요일, 한 노동자가 조카를 품에 안고 누이의 묘지를 찾아가 누이의 친구와 함께 조용히 몇 걸음 걷는 장면이다.

　　미사일의 이야기는 결론에 이르렀을 법한 순간에서 돌연 방향을 바꾼다. 작품은 미사일보다 그의 누이 클레오파트라에게 더 깊은 관심을 기울인다. 클레오파트라는 오랜 세월 아버지에 대한 복종과 가정에 얽매인 전형적인 인물로 묘사되어왔다. 그러던 어느 날, 그녀는 안나와 그녀의 오빠인 의사 블라고보의 권유로 미사일이 일하는 마을에서 열린 야유회에 참석한다. 그곳에서 전원생활의 즐거움을 만끽한 클레오파트라는 새로운 삶의 가능성을 깨닫는다. 오빠의 삶이 보여주는 본보기와 인류가 직면한 미래의 거대한 과제들에 대한 블라고보의 능숙한 논의에 깊이 감화된 그녀는 가정주부로서의 숙명에서 서서히 벗어나기 시작한다. 결국 그녀는 이미 가정을 꾸린 의사의 정부가 된다. 도시의 상류사회는

임신한 클레오파트라를 냉혹하게 배척하고, 그녀는 아이를 출산한 뒤 생을 마감한다. 이러한 결말은 그녀를 새로운 삶에 대한 이상적 이념의 희생자로 보이게 만든다. 그러나 작품 속 클레오파트라는 전적으로 긍정적인 인물로 그려지며, 자신이 선택한 삶을 후회 없이 살아가려 한 유일한 존재로 남는다. 그녀는 자기 삶에서 일어난 불가역적 단절을 담담히 받아들이고, 자신을 버리고 떠난 이의 행복을 진심으로 기원하며 떠난다.

그러므로 "희생물"로서의 클레오파트라는 오빠를 뛰어넘어 새로운 삶을 개척한 긍정적 영웅이자, "자신의 운명을 직시한" 주체적인 인물로 그려진다. 이러한 모범적인 태도는 작품의 마지막 장면에서, 미사일이 누이의 묘소 앞에서 의사의 누이이자 클레오파트라의 친구인 안나를 만나는 장면에 깊은 의미를 부여한다. 안나는 클레오파트라와는 전혀 다른 태도를 보인다. 그녀는 오랫동안 미사일을 짝사랑해왔으나, 상류사회에서 배척당한 남자와 자기 삶을 결부시킬 용기를 내지 못했다. 그날 안나는 미사일과 잠시 동행하며 함께 아이를 어루만진다. 아이는 짧은 순간이나마 부모와 함께 있는 꿈을 꿀지도 모른다. 그녀는 도시 입구에 다다르자 그와 작별한다. 따라서 작품의 결말은 마치 미사일을 제쳐두고 운명을 직시하는 여성과 그렇지 못한 여성을 대비시키는 극을 무대에 올리는 듯하다. 이야기는 그 이상 진행되지 않는다. 이것은 또한 작가가 변증법적 사상가가 아님을 드러낸다. 그의 작품은 대립을 새로운 인물 속에서 종합하여 해체하는 대신, 대립 자체를 특정한 시간과 장소에 생생하게 유지시킨다. 여기서 강조되는 것은 선택의 순간, 즉 한 시간을 다른 시간에 대립시키는 순간이다. 이 순간은 반복되는 시간의 연속성에서 벗어나 새로운 가능성을 열어주는 중요한 전환점으로 제시된다. 클레오파트라와 그녀의 친구 안나는 시골에서 보내는 여유로운 오후를 각기 다른 방식으로 살아가는 대조적인 삶의 상징이다. 이는 단순히 유쾌한 오락으로서의 오후일 수도 있지만, 삶의 혁명적 변화를 시작하는 순간, 즉 "초안"에서 "완성본"[29]으로 나아가는 중요한 전환점으로도 볼 수 있다.

변증법적 지양은 존재하지 않는다. 모든 것은 시작부터 이미 결정되며, 그 시작은 끊임없이 반복된다. 결국 선택은 하나뿐이다. 예속과의 계약으로 점철된 일상에서 벗어나 경계를 넘을 것인가, 아니면 그대로 머물 것인가. 이 질문에 우리는 냉소적인 비판과는 완전히 다른 시각으로 접근해야 한다. 냉소주의자들은 사랑의 순간을 새로운 삶의 서막으로 여기는 여성들을 조롱한다. 그러나 클레오파트라의 사례는 이러한 냉소적 논리를 뒤엎는다. 여성의 사랑이 지닌 잠재력은 단순한 개인적 유혹이나 두 사람 간의 쾌락을 뛰어넘는다. 사랑은 예속된 세계, 다시 말해 설탕 비축이나 오이 절임과 같은 가사노동에 영구히 묶여 살아가는 삶에 대한 반란이다. 사랑은 죽을 때까지 "아침부터 저녁까지 거짓말을 일삼

고, 서로를 괴롭히며, 자유를 누려워하고 사유를 적내하는"[30] 삶
과의 결별을 선언하는 것이다.

독자는 이 지점에서 작가가 겉보기에는 상반되는 두 요소,
즉 사랑의 에피소드와 새로운 삶에 대한 도전을 견고하게 결합하
고 있음을 깨닫는다. 새로운 삶에 대한 도전은 등장인물로 하여금
자기 권리를 자각하도록 이끌며, 작은 사랑의 에피소드들은 비록
회피되거나 인정받지 못했을지라도 작품 속에서 무한히 변주된
다. 이 변주는 언제나 동일한 중심을 축으로 삼아 형성되는데, 그
중심은 바로 자신의 운명을 직시했던─혹은 직시할 가능성이 있
었던─순간이다.

이러한 특권적 순간은 전적으로 우연의 산물일 수 있다. 「낯
선 여인의 키스」의 독특한 이야기에서 그 예가 잘 드러난다. 리야
보비치 대위는 동료들과 함께 그들의 연대가 잠시 머문 마을의 대
지주에게 초대받는다. 성의 어두운 방에서 길을 헤매던 그는 우연
히 한 여인으로부터 애정 어린 키스를 받는다. 여인이 그를 그곳
에서 자신이 초조하게 기다리던 사람으로 착각한 것이다. 그러나
리야보비치는 거실의 불빛으로 되돌아왔을 때 그녀가 누구인지
알아낼 수 없었고, 이후 연대가 다시 그 마을을 지나갈 때에도 그
녀와의 "재회" 기회를 놓친다. "어디로 가는지, 왜 흐르는지" 알 수
없는 작은 강가에서 그에게 남은 것은 단지 "낯선 여인의 모습을
한 운명이 우연히 자신을 스쳐 지나갔다"는 기억뿐이다. 이 기억

은 그의 삶이 "놀라울 정도로 초라하고 구차하며 무미건조하게"[31] 느껴지도록 만든다.

그러나 일반적으로 운명과의 조우, 그 수용과 회피를 결정짓는 의지—그 부재—를 낳게 하는 것은 바로 사건이다. 운명의 수용을 보여주는 작품들이 있다. 체호프의 마지막 작품인 「약혼녀」의 여주인공이 대표적인 예다. 결혼식 전날, 그녀는 그들의 행복을 위해 준비된 아파트를 방문한다. 그곳에서 그녀는 어리석은 약혼자가 걸어둔, 깨진 손잡이가 달린 꽃병과 유행 화가의 누드 여인 그림을 보고 급히 그곳을 떠나기로 결심한다. 그러나 대부분의 등장인물은 운명과 마주한 순간을 회피하고 만다. 아나니예프나 오를로프 같은 파렴치한 인물들은 연인들이 품고 있는 새로운 삶에 대한 꿈을 그저 일시적인 유희로 치부해버린다. 특히 운명과 조우했을 때 겁에 질리거나 마음속의 격한 동요에 굴복하는 인물들도 있다. 「베로치카」에 등장하는 젊은 통계원 아그뇨프가 그런 사례다. 그 또한 순간의 부름과 마주하게 된다. 8월의 어느 저녁, 몇 주간 연구를 위해 머물렀던 농촌 위원장 저택을 떠나는 순간이었다. 저녁의 공기는 목서, 담배, 헬리오트로프 향기로 가득 차 있었다. 젊은 아그뇨프는 이번 체류에서의 성과에 만족하며 저택 주인의 환대에 고마움을 느낀다. 덕분에 그는 페테르부르크에서 발표할 논문을 위한 유용한 자료들을 수집할 수 있었다. 그런데 예상치 못한 작은 일이 그의 평온을 깨뜨린다. 저택 주인의 딸 베로치카가 그를 숲까지 배웅하겠다고 따라나선 것이나. 아그뇨프와 베로치카가 헤어지는 순간, 베로치카는 그에게 자신이 사랑하고 있음을 고백한다. 또한 그녀는 안락한 삶을 누리는 사람들 사이에서의 목표 없는 삶을 떠나, 자신이 말하는 "노동과 가난의 가혹함 속에서 사람들이 고통받는 그 커다랗고 습기 찬 집들"[32]로 가고 싶다는 의사도 드러낸다. 빈민들을 보살피려는 소명의식은 아그뇨프에게 진지하지 않은 허세로 보인다. 그는 그녀의 사랑에 반응하려 애쓰지만, 결국 마음속 불씨를 찾으려는 그의 노력은 부질없는 일로 끝난다. 그 이유는 베로치카의 매력 부족에 있지 않다. 아그뇨프는 삶의 격변을 경험한 적이 없으며, 그런 격변을 직접 겪어보려는 열망도 없다. 그래서 그는 어쩌면 자신이 떠나보내는 행복의 가능성이 다시는 찾아오지 않을 것임을 각오하며, 불가능한 탈주를 꿈꾸는 소녀를 외면해버린다.

그러나 가장 의미심장한 사례는 그 만남의 실패가 개인의 계산된 의도나 등장인물의 과오 때문이 아니라, 단지 그 순간의 잠재적 가능성을 이어가지 못한 무능력에서 비롯될 때다. 어느 다른 여름밤의 이야기가 바로 그런 경우다. 「X 부인의 이야기」의 이름 없는 여주인공이 휴가 중 친구이자 자신이 살고 있는 주州의 판사인 표트르 세르게이치와 함께 말을 타고 우편물을 찾으러 역으로 간다. 그날은 천둥과 함께 비바람이 몰아치고, 곧 내릴 것 같은 비의 냄새와 잘린 건초의 향기가 공기를 메운다. 젊은 남자의 농담에 이어, 비에 흠뻑 젖을 것이라는 불안과 함께 느껴지는 흥분, 폐허가 된 성채로 피신해 번개를 맞을지도 모른다는 공상은 이 두 사람을 유쾌한 웃음 속에서 서로의 속마음을 털어놓게 만든다. 남자는 용기 있게 사랑을 고백하고, 여자는 반짝이는 그의 눈을 바라보며 빗소리에 섞인 사랑의 속삭임을 들으면서 격정적인 기쁨을 맛본다. 젊은 남자의 유치한 장난은 계속되고, 젊은 여자의 눈앞에 "화려하고 다채로우며 매력적인"[33] 삶이 펼쳐질 것 같은 이 광기 어린 순간 이후, 결국 두 사람 사이에는 아무 일도 일어나지 않는다. 시간은 원래의 모습으로 돌아간다. 휴가는 휴가일 뿐이고, 휴가 친구도 그저 휴가 친구일 뿐이다. 젊은 귀족 여인과 사교 모임에서 어색해하던 판사 사이에는 다시금 사회적 차이의 벽이 굳건히 자리 잡는다. 시간이 흘러, 이제 나이 든 여인은 잃어버린 삶에 대한 깊은 회한에 잠긴다. 그녀는 끝까지 사회적 장벽을 지킨 자신을 탓해야 할지, 아니면 그 장벽을 넘지 못한 몹시 소심했던 연인을 탓해야 할지 알지 못한다. 그러나 그들의 공통된 잘못은 어쩌면 일상의 흐름과 단절되지 못한 것, 그리고 여름 저녁의 빗방울과 베인 건초의 향기가 전하는 순간적인 부름에 응답하지 못한 데 있었을지도 모른다.

겁쟁이들은 파렴치한 자들처럼 새로운 삶에 대해 미리 절망한다. 독자는 그리 교훈적이지 않은 「개를 데리고 다니는 여인」에 나오는 커플이 그러한 절망에 빠지지 않는다는 점에서 이 작품에 모범적인 가치를 부여할 수 있다. 구로프는 처음에는 휴가 중의 만남을 그저 일시적인 일로 여기고, 나중에 집으로 돌아가면 모든 게 끝날 것이라 생각하며 파렴치한 사람처럼 행동한다. 반면 안나는 처음에는 자신이 유혹에 쉽게 넘어갔다는 사실을 후회하며 겁쟁이의 태도를 취하지만, 혼외 사랑의 모험보다는 비굴한 관리의 아내로 사는 슬픈 삶도 나쁘지 않을 것이라는 생각을 한다. 두 사람은 결국 바다의 미풍과 여름 저녁의 황금빛이 전하는 유혹에 굴복한다. 안나는 의사의 진료를 핑계로 모스크바로 올라가 호텔 방에서 구로프와 은밀한 만남을 이어간다. 그들의 어두운 관계는 특별히 눈에 띄는 점이 없지만, 비슷한 시기에 발표된 단편소설「사랑에 관하여」는 전혀 다른 양상을 보여준다. 이 작품에서 화자인 지주 알료힌은 친구의 아내를 향해 마음속 깊이 품은 이루어질 수 없는 사랑을 고백한다. 알료힌은 그녀를 평온한 가정의 행복과 안정된 사회적 지위에서 억지로 끌어내, 미래가 불투명한 소지주의 힘겨운 삶을 함께하자고 요구할 수 없다고 생각한다. 그러나 마지막 이별의 순간, 그가 사랑을 고백하자 그녀 또한 자신이 그를 사랑하고 있음을 깨닫는다. 알료힌은 분명「개를 데리고 다니는 여인」의 연인들보다 더 이성적이고 도덕적이다. 체호프는 자유연애를 옹호하는 작가가 아니지만, 이 정직한 남자의 사랑 이야기를 잃어버린 인생을 주제로 한 3부작 중 하나로 포함시키는 데 주저하지 않는다. 이 3부작에는「상자 속의 사나이」에서처럼 운명에 갇혀 사는 삶과, 평생 절약한 끝에 노년에 이르러서야 벽돌 공장과 뼈 소각장 사이에 쓸모없는 영지를 사서, 그곳에서 지주인 척하며 자신의 정원에서 구스베리를 먹는 초라한 관료 니콜라이의 헛된 "성공" 이야기가 포함된다.(「구스베리」).

　「개를 데리고 다니는 여인」은 이 3부작이 세상에 나온 지 1년 후에 발표되었다. 이 작품은 3부작과의 상호 관계 속에서 비로소 진정한 의미를 얻는다. 알료힌과는 달리, 불륜의 연인들은 새로운 삶의 가능성을 포기하는 것을 받아들이지 않는다. 그럼에도 그들은 그 미래가 실현되지 않을 것임을—특히 예감의 형태로—깊이 인식하고 있다. 이러한 이유로 이 작품의 결말은 단순히 특정 커플의 이야기나 사랑의 서사에 그치지 않고, 보편적이며 자유로운 삶의 가능성과 긴밀히 연결된다. "이들에게는 조금만 더 노력하면 새로운 삶이 시작될 수 있는 해결책이 찾아질 듯 보였다. 그리고 두 사람에게는 그 끝이 아직 멀리 있고, 이제 막 가장 복잡하고도 가장 어려운 일이 시작되었음이 분명했다."[34]

　"그리고 두 사람에게는 (…) 분명했다"라는 문장은 일반적으로 "그러나 두 사람에게는 (…) 분명했다"로 번역된다. 원문에 충실하지 않은 이 번역은, 해결책을 찾을 수 있다는 희망과 그것이 아직 멀리 있다는 자각을 대립시켜 이야기를 더 설득력 있게 하려는 의도에서 비롯된 듯하다. 그러나 체호프의 논리는 이와 다르다. 그의 작품에서 접속사는 대개 대립을 나타내기보다는 사건을 연장하고 서로 연결하는 역할을 한다. 희망과 불확실성이 공존하는 이유는 바로 시간이 먼 곳의 자유를 향해 열려 있기 때문이다. 확실한 삶은 아직 멀리 있다는 사실을 분명히 인식해야 한다. 그리고 그것이 멀리 있기 때문에 우리는 끈기 있게 시작을 추구해야 한다. 왜냐하면 시작과 끝 사이에는 정해진 단계가 없고, 특히 시작은 단순한 출발점이 아니라 삶의 흐름 속에서 단절이자 전환점이기 때문이다. 그 전환점에서의 운명은 매 순간 다시 결정된다.

6.   서사 속의 음악

끈기를 가지고 시작을 추구해야 한다는 점에서 등장인물들의 도덕적 원칙이 정립된다. 그렇다면 작품 자체의 도덕적 규범은 무엇일까? 잃어버린 삶의 이야기와 다른 가능성의 삶을 더 강렬하게 전달하려면 작품은 어떻게 구성되어야 할까? 체호프의 후기 작품 중 하나에서 이 질문에 대한 실마리가 주어진다. 「이오니치」는 또 하나의 잃어버린 삶의 완벽한 예다. 외딴 지방의 젬스트보(지방자치회) 의사로 새로 부임한 드미트리 이오니치 사리체프는 마을에서 교양 있는 가정의 환영을 받는다. 그 가정의 가장은 취미로 공연을 기획하고, 아내는 소설을 쓰며, 딸은 피아노를 연주한다. 이오니치는 젊고 아름다운 음악가에게 금세 마음을 빼앗기지만, 그녀는 그의 고백을 정중히 거절한다. 그녀는 예술가의 길을 걷기 위해 시골을 떠나 모스크바에서 학업을 이어가고자 한다. 4년이 흐르면서 사리체프는 많은 환자를 확보하고 몸집이 불어난다. 그 사이 자신의 예술적 재능에 완전히 실망한 젊은 코티크는 고향으로 돌아온다. 그녀는 떨어져 있는 동안 민중에게 헌신하는 의사로 이상화했던 그를 다시 찾으려 한다. 그러나 단 한 번의 짧은 만남만으로도 사리체프는 "혼인하지 않은 것은 참으로 잘한 일이었다"[35]라고 확신하게 된다. 그는 그 가족과의 인연을 완전히 끊고, 이유를 알지 못한 채 계속 부를 쌓아가며, 스스로도 이것은 삶이 아니라고 자조하는 생활을 이어간다.

　이처럼 「이오니치」는 또 하나의 잃어버린 삶을 그려내는 동시에, 문학에 관한 작은 교훈을 은연중에 전달하고 있다. 사리체프가 투르킨 가문의 응접실에서 처음으로 저녁을 함께하는 자리에서, 여주인은 자신이 집필한 소설을 낭독한다. 이 소설은 젊고 아름다운 백작 부인의 박애주의적 자선 활동을 주제로 삼고 있다. 백작 부인은 자신의 영지 내 여러 마을에 병원, 학교, 도서관이라는 세 가지 진보의 기둥을 세운다. 또한 떠돌이 화가와 사랑에 빠지는 백작 부인의 모습은 그녀의 편견 없는 성품을 잘 드러낸다. 화자는 이 점에 대해 이렇게 말한다. "그녀는 현실에서는 결코 일어날 수 없는 이야기를 읽고 있었다. 그러나 그 이야기는 듣기에 유쾌하고 쉬우며, 머릿속에는 평온하고 위안이 되는 사색들이 차곡차곡 자리 잡았다."[36] 부인이 낭독을 마치고 잠시 정적이 흐르는 동안 공원에서 합창단이 부르는 민요의 후렴구가 들려온다. 화자는 말한다. "이 노래는 소설 속에는 없지만, 삶 속에서 실제로 벌어지는 모든 것을 말해주고 있다."[37]

독자는 이 작은 에피소드가, 체호프가 직접 언급하길 꺼린 작품과 맥락을 같이한다고 상상할 수 있을지도 모른다. 현실과 동떨어진 것은 단지 아마추어 작가가 창작한 박애주의적 백작 부인의 교훈적인 이야기만이 아니다. 체르니셉스키의 『무엇을 할 것인가』와 같은 사회주의적 작가의 작품도 마찬가지다. 이 작품에서 혁명적 행동은 주로 모범적인 재봉사 협동조합을 설립하는 젊은 여성에 의해 이루어진다. 공인된 사회주의 소설과 상상 속의 박애주의적 소설 모두 독자에게 반복과 예속의 순환을 깨뜨리고 진보의 길을 연다고 주장하는 인물들을 보여준다. 그러나 그들이 이 해체에서 간과하고 있는 것은 예속을 유지하는 균일한 시간이다. 이념의 화신인 이 인물들에게 시간은 그들의 의지가 실현되는 무심한 배경일 뿐이다.

체호프는 문화적 소양을 갖춘 여성이 쓴 소설에서 묘사된 균일한 시간과 민요의 시간을 선명하게 대조시킨다. 민요의 선율은 완결된 구조를 지니면서도 무한한 공명에 열려 있어 단 몇 분 안에 "삶의 모든 것"을 압축해 담는다. 이 노래에는 시간의 본질을 이루는 모든 요소, 이를테면 감각, 감정, 권태, 기대, 향수, 그리고 꿈이 응축되어 있다. 특히 후렴구에서 슬픔이 기쁨으로 변하는 순간, 민중의 로망스는 두 차원의 시간과 두 가지 감정이 어우러지는 형식을 띤다. 그것은 직선적인 시간의 흐름과 순간적인 틈새에서 그려지는 탈출선들이 교차하는 지점이며, 멀리 있는 자유를 갈망하는 마음과 멀리서 울려오는 자유의 부름이 만나는 곳이다. 「이오니치」에서 합창단이 부르는 노래는 우연히 등장한 것이 아니다. 이 노래는 러시아에서 가장 유명한 로망스 중 하나인 「루치누슈카」(작은 루치나)로, 얇은 나무 조각으로 만든 불안정한 촛불인 루치나는 농민들의 통나무집을 밝혀주던 소박한 등불이다. 노래는 젊은 신부가 사랑하는 사람을 기다리며 등불을 켜두지만, 밤새도록 그는 나타나지 않는 장면을 그리고 있다.

이처럼 작은 루치나익 로망스는 삶의 교훈과 문학의 가르침을 하나로 결합한다. 이 노래는 인생에 절망하지 않으며, 피상적인 삶에 안주하지 않는 이들에게 오랜 기다림의 인내를 일깨워준다. 즉 밤이 끝날 무렵, 어쩌면 아주 늦게 도래할지도 모를 무언가를 담대하게 기다리는 인내심을 불러일으킨다. 작가는 언젠가 인류가 더 이상 현재처럼 외형적인 삶에 머물지 않고, 진정한 삶을 갈망하는 시기가 올 것임을 확신하고 있다. 그러나 그는 그 시간이 언제 도래할지는 알 수 없다는 사실도 잘 알고 있다. 그는 작품 속 인물들을 통해 이러한 다층적인 의미를 드러내며, 그들의 삶을 통해 이 메시지를 표현해낸다. 100년 후, 아니 200년 후가 되어서야 사람들은 더 이상 이러한 방식으로 살아갈 수 없다는 사실을 깨달을 것이다. 바로 이런 까닭에, 지금부터라도 사람들이 외면하려는 진실을 드러내는 것이 작가에게 중요한 책무가 되는 것이다. 체호프의 작품에 등장하는 인물, 구스베리 농장의 이기적인 주인의 분노한 동생은 이를 위해 단호한 해결책을 제안한다. 그는 만족해하는 이들의 문 앞에 "망치를 든 자"[38]를 세워, 타인의 불행이 언젠가 그들 자신에게도 닥칠 수 있다는 사실을 일깨워야 한다고 주장한다. 그러나 체호프는 문학에서 망치와 같은 강압적인 방식은 사용하지 않는다. 그는 자신의 메시지를 지나치게 강렬한 빛으로 드러내는 것을 불편하게 여긴다. 오히려 그는 언제 꺼질지 모르는 희미한 불빛을 내는 루치나를 더 중요하게 여긴다. 이 루치나는 1920년대 사회주의적 산업화가 농촌에 가져온 "레닌의 등불"이라는 진보의 빛에 대한 예견된 응답처럼 보일 수 있다. 그러나 체호프의 루치나는 무지한 이들을 깨우치려는 도구가 아니다. 대신 그 불빛은 단 하나의 약속, 즉 명확한 삶의 의미와 존재의 이유를 일깨우는 삶을 상기시킬 뿐이다. 이 희미한 빛은 슬픔과 위로를 한데 모아, 그 둘을 하나의 미묘한 떨림으로 흔들리게 한다.

　　왜냐하면 문제는 불행의 원인을 설명하는 데 있지 않고, 그 슬픔을 새롭게 느끼고 받아들이도록 만드는 데 있기 때문이다. 이는 귀족 가문의 후손으로 태어나 평범한 노동자가 된 체호프의 「나의 인생」 주인공이 깨달은 중요한 교훈 중 하나다. "살아 있는 자들의 행동과 사상은 그들이 느끼는 슬픔만큼 중대하지 않다."[39] 루치나의 작가는 독자들에게 더 정의로운 사회를 건설하기 위해 즉각적인 행동을 촉구하지 않는다. 작가가 진정으로 변화시키고자 하는 것은 사람들이 슬픔을 받아들이고 대응하는 방식이다. 이를 위해 우리는 바로 지금 올바른 행위를 해야 한다고 암시하고 있다. 사할린의 유배지에서 돌아온 체호프는 편집자에게 "정의를 실천해야 합니다. 나머지는 그것을 따를 것입니다"[40]라고 충고한다. 그래서 작가가 말하는 정의는 "망치를 든 자"의 폭력적인 행위와는 대조적이다. 그에게 정의란 무엇보다 정확성, 즉 음악적 문제에 가깝다. 한 사람의 슬픔을 모두가 함께 느끼고, 각자의 불행을 타인이 온전히 공감할 수 있도록 만드는, 그 섬세하고도 정교

한 음색을 찾아야 한다.「슬픔」이 마부는 아들이 죽음으로 인한 비통함을 바쁜 손님들에게 전하려 애쓰지만, 끝내 그의 고백을 들어주는 것은 자신의 마차를 끄는 말뿐이다. 작가는「꿈」의 유랑자처럼, 지나가는 누구라도 이 불행에 귀 기울이고 마음을 열어 공감하기를 간절히 바란다. 이 유랑자는 여유로운 시간에 구석에 앉아 5코페크짜리 작은 책을 펼쳐들고, 마음껏 눈물을 흘릴 수 있는 기쁨을 느낀다.[41] 작품 속 슬픔의 눈물이 기쁨의 눈물로 흐르게 하려면, 글은 음악이 되어야 한다. 이 점은 체호프의 가장 신랄한 단편소설 중 하나인「적」에서, 아이의 죽음을 애도하는 부부의 방을 독자가 방문할 때에도 잘 드러난다. "경이로움 속에서, 어머니의 몸가짐과 의사의 무심한 얼굴에는 어떤 끌림과 감동을 자아내는 무언가가 있었다. 그것은 아직 완전히 이해되거나 묘사되지 않은 인간의 불행에서 비롯된, 알아차리기 힘들 만큼 미묘한 아름다움이었으며, 오직 음악만이 이를 온전히 전달할 수 있을 듯 보였다."[42] 이 부드러운 음악은 성탄절 저녁, 눈보라에 갇힌 나그네들에게 잠시 머물 곳을 제공한 한 여관에서 귀족 아가씨 일로바스카야가 체험한 감정이다.(「여행 중」) 사람들이 어린 나이에 아버지의 광기를 따라가야 했던 어린 딸의 신음을 듣는 동안 일로바스카야는 과학적, 종교적, 사회주의적, 애국적 열정에 사로잡혀 불행한 삶을 살아온 흥분한 리카리오프의 이야기에 귀를 기울인다. "그녀의 귀에는 그 모든 것이 메아리처럼 울려 퍼졌다. 인간의 삶이 그녀에게는 끝없이 시적이며 경이로운 우화처럼 느껴졌다. (…) 눈보라 속에서 들려오는 인간 불행의 소리가 마치 음악처럼 너무나 부드럽고 인간적이어서, 젊은 아가씨는 그 감정에 사로잡혀 자신도 모르게 눈물을 흘렸다."[43]

　　불행을 노래로 표현하고 고통의 눈물을 기쁨의 눈물로 바꾸는 것은 많은 비관적인 평론가에게 불행을 미화하는 일로 받아들여진다. 그들은 이것이 불행의 원인을 밝히고 해결책을 찾는 데 방해가 된다고 생각한다. 그러나 체호프는 이 문제를 전혀 다른 관점에서 바라본다. 불행의 근본 원인은 예속에 있으며, 그 예속의 원인은 다름 아닌 그 자체에 내재해 있다. 예속은 사회적 지위와 관계없이 모든 이의 행동, 감정, 사고방식을 끊임없이 재생산하며, 그로 인해 스스로를 영속화한다. 이 악순환을 끊고 새로운 삶의 부름을 현실로 구현할 수 있는 인간을 기르기 위해서는 무엇보다 감각하고 느끼는 방식의 변혁이 필요하다. 이런 정서의 혁명을 이루는 것이 바로 작가의 임무다. 이를 위해 그는 불행을 새로운 방식으로 이야기하고 조율하며, 그것을 멀리서 들려오는 부름의 음조와 섞어야 한다. 작가는 예속의 단조로운 반복에 맞서, 그보다 인간의 감각적 경험 속으로 더 깊이 스며드는 선율적 흐름을 만들어내야 한다. 체호프는 「학생」에서 또 다른 밤을 배경으로, 눈물과 기쁨이 교차하는 서사를 통해 이러한 승리를 그려낸다. 이 작품은 이야기 속 이야기를 다루는 매우 짧은 단편소설이다. 주인공은 가난한 부제의 아들인 종교 학교 학생 이반이다. 성금요일 저녁, 어둡고 차가운 밤에 사냥을 마치고 집으로 돌아가는 길에 이반은, 자신이 느끼는 차가운 바람이 이미 루리크나 이반 뇌제 시대에도 불었던 바람이며, 오늘날에도 여전히 같은 빈곤, 무지, 고통 속에서 계속 불고 있다는 괴로운 감정에 빠진다. "이 모든 공포가 과거에 존재했고, 지금도 여전히 존재하며, 앞으로도 사라지지 않을 것이고, 천 년이 지나도 삶은 결코 나아지지 않을 것"[44]이라는 생각이 그를 짓누른다. 그러나 우연한 만남과 순간적인 회상이 그의 생각의 방향을 바꿔놓는다. 돌아가는 길에 이반은 불가에 앉아 있던 한 노모와 그녀의 딸과 마주친다. 그들과의 대화에서 이반은 또 다른 차가운 밤과 또 다른 불에 대한 이야기를 나눈다. 그 불은, 사도 베드로가 예수를 세 번 부인한 후 자신의 배신을 떠올리며 눈물을 흘리기 전, 한 집 뜰에서 몸을 녹였던 그 불이다. 그 이야기는 노파가 성금요일 전날 저녁 '12 복음서 의례'에서 들었을 법한 것이다. 그러나 그녀는 「마태복음」의 구절을 인용하는 학생의 담담한 이야기에 와락 울음을 터뜨린다. 마치 이 이야기가 그녀의 깊은 내면에 자리한 옛 관계를 회복시키기 위해 수세기 동안 러시아가 겪어온 고통과 예속을 넘어 그녀에게 다가온 듯했기 때문이다. 바로 그 순간, 한 시골 여인이 2000년 전쯤 존재했던 사도의 감정과 눈물을 공유하게 된 것이다. 이 고통의 교감은 학생의 가슴속에서 거센 소용돌이를 일으켰고, 감당할 수 없는 기쁨이 그를 휩쓴다. 그는 인류 역사의 모든 사건이 하나의 연쇄로 얽혀 있음을 깨닫는다. 이 사건들은 단순히 예속이 반복적으로 재생산되는 필연의 고리가 아니라, 필수적인 연대의 끈으로 이어져 있다. 이는 누구나 자신이 겪지 않은 고통과 기쁨에도 공명할 수 있는 감수성의 연결을 의미한다. 오늘날 이 연대의 끈 한쪽 끝을 건드리는 이는, 그 반대편에서 울리는 깊은 여운을 통해 자신이 단순히 예속의 역사를 나누는 것이 아니라 새로운 차원의 역사 속에 있음을 자각하게 된다. 이 깨달음이 학생에게 깊은 감동을 준다. "그는 저 멀리 정원과 대제사장의 뜰에서 인간의 삶을 지배하던 진리와 아름다움이 지금까지도 끊임없이 이어져왔으며, 그것이 여전히 인간 존재와 세계 전체의 본질적 요소를 이루고 있음을 깨달았다. 이내 젊음의 활력과 건강, 힘 (…) 그리고 형언할 수 없는 달콤한 행복과 알 수 없는 신비로운 행복에 대한 기대가 서서히 그를 사로잡았다. 그리하여 삶은 그에게 눈부시게 찬란하고 경이로우며, 숭고한 의미로 가득한 것으로 비쳤다."[45]

이반 부닌에 따르면, 이 단편소설은 체호프가 각별히 아끼던 작품으로 알려져 있다.[46] 독자는 이에 대해 의문을 가질 수 있다. 이 작품의 서사는 매우 간결하다. 한 청년이 집으로 돌아가는 도중 두 여성을 만나, 그들에게 그리스도의 수난사 가운데 특별히 극적이지 않은 일화를 들려주는 내용이다. 신앙이 깊었던 아버지의 강압적인 태도로 인해 돌이킬 수 없이 기독교로부터 멀어진 체호프에게 종교적 상징주의는 주된 관심시기 아니었다. 그럼에도 체호프가 이 간결한 작품에 애착을 가졌던 이유는 분명하다. 이를 이해하기 위해서는 이와 비슷한 울림을 지닌 작품인「부활절 밤」을 살펴봐야 한다. 이 작품 역시 종교적 의식을 다루고 있지만, 체호프는「학생」과는 달리 이 작품에서 더 매혹적인 능력을 발휘하고 있다. 이 작품에서 강에서 뱃사공 역할을 하는 한 수도사는, 한 가난한 부제가 "자신을 위로하기 위해" 작사한 찬송가에 대해 이야기하며 흥분을 감추지 못한다. 그 찬송가는 마치 속삭이듯 가장 부드러운 단어와 풍부한 은유로 가득 차 있다. 부제는 "문장의 행마다 사방이 장식되어 꽃, 번개, 바람, 태양, 그리고 세상의 모든 사물이 담기도록 했다"[47]고 설명한다.

이 부활 성야가 우리에게 전하는 것은 종교적 신비가 아닌 문자의 힘이다. 이 힘은 눈물을 다른 눈물로 바꾸며, 소박하고 종종 폄하되는 이 위로의 행위를 예속 상태에 갇힌 사람들의 무기력을 극복할 수 있는 인류 전통의 능동적인 역량으로 승화시킨다.

7.

스텝의 노래에서
해오라기의 울음소리로

고통받는 사람들을 위로하는 것이 과연 작가의 본질적인 임무일까? 체호프는 특정 인물을 자신의 대변인으로 삼지는 않지만, 그의 등장인물들의 말이 그의 생각과 완전히 무관하다고는 할 수 없다. 「갈매기」의 다소 저평가된 인물 트리고린의 냉소적인 생각이 이를 잘 보여준다. "나는 이 물, 나무, 하늘을 사랑한다. 자연의 숨결을 느끼며, 그로 인해 내 안에서 열정과 저항할 수 없는 창작 욕구가 솟구친다. 그러나 나는 단순히 풍경을 그리는 사람이 아니다. 나는 사회의 일원이자 조국과 민중을 사랑하는 사람이다. 작가로서 나는 민중의 고통, 미래, 과학, 인권 등을 논하는 것이 나의 책무라고 여긴다. 그래서 나는 이 모든 것을 글로 써내려가고, 급히 펜을 움직인다. 그러면 사람들은 분노하며 사방에서 나를 비난하고, 나는 마치 사냥개들에게 쫓기는 여우처럼 허둥댄다. (…) 결국 내가 제대로 다룰 수 있는 것은 풍경뿐임을 깨닫는다."[48]

풍경을 그리는 작가는 민중의 삶을 개선하려는 모든 이로부터 비난의 대상이 된다. 「다락방이 있는 집」의 진보적 사고를 지닌 젊은 여주인공은 빈곤층을 교육하고 그들을 위한 진료소를 설립하며, 부패한 젬스트보의 폐지를 통해 정의를 실현하려는 결의를 드러낸다. 하지만 그녀는 자신의 여동생과 연인이 된 화가가 민중의 비참한 삶을 반영하기보다 자연 풍경에만 몰두하는 태도에 대해 강한 반감을 드러낸다. 의사로서의 체호프는 전염병과 맞서 싸우고 젬스트보의 활동과 학교 설립에 헌신했지만, 문학가로서의 체호프는 민중의 고통에 무관심하다는 비판에 직면했다. 물론 그는 민중의 고단한 현실을 작품 속에 투영했으나, 그 현실을 바꾸고자 하는 의지를 독려하진 않았다. 체호프는 민중의 고통과 비참함을 새벽빛이나 석양빛이 자아내는 효과, 환상적인 구름, 잔물결 위로 부서지는 빛, 발밑에서 사각거리는 낙엽, 갈대숲에서 울려 퍼지는 새소리 등 자연의 이미지를 통해 하나의 전체적인 풍경 속에 묘사하고자 했다.

그러나 풍경에 대한 애정과 민중의 고통에 대한 관심을 상반되는 가치로 단정 짓는 것은 지나치게 단편적인 시각이라 할 수 있다. 오히려 자연에 대한 깊은 애착이 민중의 고통을 직시하고 공감하게 하는 단초가 될 수도 있다. 이 미묘하고 역설적인 관계를 이해하려면, 체호프가 약 5년간 500여 편에 달하는 단편소설을 발표한 후 비로소 작가로서 자신의 창작을 진지하게 고찰하게 된 시점으로 돌아가야 한다. 그가 새로운 방식으로 집필한 첫 중편소설인『스텝』은 바로 이러한 배경에서 탄생한 작품으로, 이야기의 전개는 풍경에 대한 세밀한 묘사를 중심으로 이루어진다. 이 작품은 여행을 주제로 삼아, 작은 지방 도시에서 출발한 상인 쿠즈미초프가 양모를 팔고, 그의 조카 예고루시카를 학교에 보내기 위해 또 다른 작은 도시로 향하는 여정을 담고 있다. 이 여정에서 독자는 일반적인 소설에서 기대할 수 있는 극적인 사건이나 목적지의 변화, 예상치 못한 반전과 같은 요소들을 찾아볼 수 없다. 이야기의 전개는 중간에 잠시 상인과 구매자를 찾아 떠나는 여정을 멈추고, 상인이 거래를 마친 후에야 다시 등장하는 식으로 진행된다. 모든 것이 마치 여정의 공간 자체가 이야기의 무대를 지워버리는 듯 보인다. 남아 있는 것은 아이를 바라지 않는 목적지로 이끄는 하나의 단조로운 직선일 뿐이며, 그 앞을 스쳐가는 풍경은 그를 기다리지도, 누구를 환영하지도 않고, 어떤 행위에도 냉담하다. 사실 이러한 서술 방식은 여행자들이 스쳐 지나가는 멈춰 있는 세계에 대해, 비평가들이 화자의 결점이라 여기는 무심함을 계속해서 드러낸다. 마차가 지나가는 풍경 속에서 모든 사물, 식물, 동물, 그리고 사람들까지도 마치 동일한 속성을 지닌 듯하다. 아무도 그 존재들이 왜 그 자리에 있는지 알지 못하고, 그들 스스로도 그 이유를 알지 못한 채 어떤 기대나 희망도 갖지 않는다. 풍차의 날개는 쉼 없이 돌아가지만 그 자리를 벗어나지 않을 듯하다. 목동은 무심히 마차가 지나가는 모습을 바라보고, 마차 위에 누운 젊은 여인은 모욕적인 말에도 거의 반응을 보이지 않는다. 이와 마찬가지로, 메뚜기 한 마리도 무심히 잡혔다가 먹이를 받고 다시 풀려난다. 광활한 평원의 중심에 홀로 서 있는 포플러 나무, 왜 그곳에 있는지는 오직 신만이 알 뿐이다. 까마귀들은 지루함을 달래려는 듯 황량한 풀밭 위를 날아다닌다. 마차를 향해 달려가던 개는 짖을 힘조차 없는지 도중에 멈추고 만다. 매는 하늘을 유유히 날다가 순간 멈추더니, 마치 인생의 무료함을 곱씹듯 다시 날아오른다. "사람들은 그 매기 왜 날고 있는지, 그 이유를 알 수 없다."[49]

따라서 기존 단편소설들과 차별화되는 이 작품은, 인간의 의지가 주도하는 행동 대신 아무 이유 없이 그저 존재하는 사물과 생명체의 무기력으로 대체하는 듯한 경계에 서 있다. 그러나 겉으로 드러나는 이 같은 황량함은 새로운 노래가 시작되는 기점이기도 하다. 어른들이 뜨거운 한낮에 낮잠을 즐기는 동안 예고루시카는 할 일 없이 여기저기 방황하다가 한 여인의 노랫소리를 듣는다. 그 노래는 낮은 탄식처럼 사방에서 울려 퍼지며, 마치 스텝 자체가 태양을 향해 자신의 순수함과 삶에 대한 갈망을 노래하는 것 같다. 이 애잔한 노래는 공기를 더 무겁게 짓누르고, 예고루시카는 그 소리에서 벗어나고자 하지만 결국 그 노래의 주인공인 여인을 발견하게 된다. 짧은 치마를 입고, 왜가리처럼 가늘고 긴 다리로 서 있는 그녀의 모습은 부드러운 노래와 대조적이다. 그녀는 체로 하얀 먼지를 천천히 걸러내고 있다. 무심함이 고통으로 변해 그 고통이 다시 노래로 흐르고 있다. 이 노래는 스텝과 농부들 사이에서 공유되며, 슬픔을 평온함으로 바꿔놓는다.

이 평온함은 지금의 순간과 짝을 이루는 또 다른 고요한 순간에도 여전히 넘쳐날 것이다. 그 시간에는 밤의 어둠을 알리는 저녁 안개와 함께 낮의 슬픔이 잊히고, "모든 것이 용서된다". 이 순간 "마치 어둠 속에서 세월을 잊은 스텝의 풀들이 기쁨과 젊음의 선율을 연주하는 듯하다. 스텝 곳곳에서 들려오는 바스락거림,

휘파람 소리, 삐걱거림, 그리고 베이스, 테너, 소프라노의 모든 소리가 하나의 끊임없고 단조로운 음향으로 어우러져, 추억을 불러일으키고 우수에 잠기게 한다".[50] 저녁의 연주가 끝나면, 달빛에 드러난 어둠 속 형상들이 마치 그림자의 발레처럼 춤추기 시작한다. 이 어두운 형상들은 환상적인 자태를 뽐내며 스텝의 전설, 여행자들의 설화, 그리고 유모들이 들려주는 동화 속 이미지와 모두 뒤섞인다. 현실과 허구의 경계가 사라진 이 세계의 서사 속에서 마치 풍경 자체가 이야기를 풀어내거나 노래하는 듯한 장면이 펼쳐진다.

    풍경 속 형상들의 경계가 흐릿한 것처럼, 예고루시카가 동행하는 마부들이 나누는 이야기에서도 그 모호함은 두드러진다. 밤이 되어 사람들이 모여 불을 쬐며 몸을 녹일 때, 그들 곁에 세워진 십자가를 보며 떠올리는 것은 이 십자가가 기리는 사건, 즉 여관에서 저마다의 수익을 자랑하며 이곳에서 풀을 베던 일당에게 살해된 두 성화 상인의 이야기다. 마부 중 한 명인 판텔레이는 이 살인 사건을 계기로 자신의 오래된 기억을 떠올린다. 어느 날 밤 그는 부유한 상인과 함께 여관에 머무르던 중 지하실에서 칼을 갈며 자신들을 해치려는 강도 무리를 발견한다. 다행히 그는 강도들의 음모를 저지하는 데 성공한다. 이렇게 시작된 이야기는 여관의 밤들, 날카로운 칼을 든 강도들, 기적 같은 구출 장면이 반복되는 또 다른 "추억들"로 이어진다. 이 "직접 겪은" 사건들이 서로 매우 유사하다는 점에서 그 이야기들이 허구임을 쉽게 짐작할 수 있다. 사람들은 늙은 판텔레이가 반복하는 이야기들이 그가 타인에게서 들은 것인지, 아니면 스스로 꾸며낸 것인지 구분하기가 어렵다. 실제로 그가 한 모험과 타인의 이야기들이 세월 속에서 혼재되었을 가능성도 있다. 이러한 이야기들은 마치 달빛 아래 왜곡된 그림자처럼 그의 실제 경험, 타인의 이야기, 그리고 순수한 허구가 뒤얽혀 있다. 그렇지만 그의 이야기는 장소와 시간의 배치 자체로 인해 진정성을 얻는다. "길가에 세워진 십자가, 검게 드리워진 짐꾸러미들, 광활한 대지와 불가에 모인 이들의 운명, 이 모든 것이 그 자체로 경이롭고 두려워서 환상과 상상조차 그 앞에서는 빛을 잃고 결국 삶과 뒤섞이고 말았다."[51]

이처럼 『스텝』은 이야기의 어떤 이상향을 무대로 삼는다. 이야기는 그것을 탄생시킨 장소를 닮아 있으며, 현실과 허구를 구분할 수 없게 만드는 그 특성으로 인해 아무런 의심 없이 수용된다. 이는 광활한 평원, 그곳에 흩어져 있는 사건들, 공간 속에서 느껴지는 사물들의 존재감, 그리고 그 사물들을 감싸는 소리들, 낮의 빛과 밤의 그림자가 어우러져 현실이 애잔한 노래와 환상적인 장면으로 변모하기 때문이다. 이 노래와 장면은 끊임없이 새로운 노래와 새로운 광경을 만들어낸다. 태양 아래 존재하는 모든 것의 고통으로서, 고통의 구원으로서 풍경은 스스로 이야기를 풀어낸다. 고통은 모두를 하나로 묶는 노래로 변형되며, 사람들은 그 노래 속에서 고통이 아닌 "아름다움의 승리, 젊음, 힘의 만개, 살고자 하는 열정적인 갈증"⁵²을 느낀다. 그런데 이 승리는 그저 헛되이 자신을 드러내고, 그 풍요로움을 누구도 누리지 못하며, 그 노래를 이어갈 사람도 없다는 느낌으로 인해 빛을 잃는다.

체호프를 스텝이 오랫동안 헛되이 기다려온 예찬자로 보기는 힘들다. 이 서정적이고도 긴 작품은 그가 작가라는 직업을 이해하는 데 있어 중요한 전환점을 이루는 소설로 평가된다. 후속작을 암시했던 이 작품은 독특한 위상을 지니며, 비록 후속작이 출간되지 않았더라도 이후 그의 작품세계에 결정적인 영향을 미친 것으로 보인다. 마치 이 작품이 이야기꾼을 그의 대상과 적절한 거리로 위치시키고, 무심한 풍경과 민중의 고통 사이의 그 유명한 간극을 단번에 지워버리는 경계를 명확히 그려낸 것처럼 느껴진다. 고통과 위로의 노래로 거듭난 "무심한" 풍경은 이러한 "고통"을 표현하는 데 적합한 어조를 제시한다. 이는 감상적 호기심과 선전적 웅변의 극단을 벗어나 균형 잡힌 거리를 유지함으로써 가능해진다. 사람들이 그 이유를 알 수 없는 수많은 작은 감각적 사건을 경험하는 이 여정은 그 어조를 확립하는 데 중요한 역할을 한다. 잠꾸러기라 불리는 새가 "스플류- 스플류- 스플류"⁵³ 하고 울고, 부엉이의 소리가 웃음에서 극도로 흥분한 울음으로 변하는 스텝의 밤, 화자는 이 새들이 누구를 위해 울고 그 소리를 누가 듣는지 궁금해한다. 하지만 체호프의 독자는 10년 후 또 다른 새가 이유 없이 노래하는 그의 가장 어두운 단편소설에서 이 수수께끼의 답을 발견할 수 있다. 이 작품은 "민중의 고통"을 가장 냉혹하게 묘사하며, 민중이 겪는 고통뿐 아니라 그들이 자식들에게 가하는 고통까지 그려낸다.

「골짜기」는 공장의 폐기물로 오염된 암울한 계곡과 이기적인 탐욕에 사로잡힌 부패한 마을을 배경으로 한다. 가난한 품팔이 노동자의 딸인 젊고 아름다운 리파는 부유한 상인의 아들과 결혼하지만, 남편은 위조지폐 사건에 연루되어 도형장에 보내진다. 그로 인해 리파와 어린 아들은 시누이 아크시니야의 질투에 무방비로 노출된다. 분노에 사로잡힌 아크시니야는 "도형수의 아내"인 리파를 증오하며, 아이에게 끓는 물을 퍼부어버린다. 결국 아이는 그날 밤 숨을 거두고 만다. 리파는 아들의 시신을 품에 안고 병원을 나와, 지친 몸을 이끌고 연못가에 앉는다. 그곳에서 한 여인이 아이와 함께 말에게 물을 먹이고 있다. 그런데 그 작은 연못은 저녁 햇살 속에서 마치 『스텝』의 한 장면을 떠올리게 하는 환상적인 풍경으로 변모한다. "태양이 자색과 금빛의 비단 아래로 저물어가고, 하늘에 길게 뻗은 붉은빛과 자줏빛 구름들이 그 휴식을 지켜보고 있었다. 어디선가 멀리, 정확한 위치는 알 수 없으나, 해오라기 한 마리가 마치 외양간에 갇힌 소처럼 낮고 힘겹게 울부짖고 있었다. 이 신비로운 새의 울음소리는 해마다 봄이 되면 들렸지만, 그 새의 모습이나 둥지의 위치를 아는 사람은 아무도 없었다. 저 멀리 병원에서부터 연못 가장자리 덤불 속, 마을 너머와 그 주변 들판에서는 나이팅게일들이 목청을 높여 길게 노래하고 있었다. 뻐꾸기는 누군가의 나이를 세다가 계산이 어긋나 다시 시작하곤 했다. 연못에서는 개구리들이 미친 듯이 서로에게 소리 지르며 목이 터질 듯 울부짖었다. 그들의 외침마저 뚜렷이 들려왔다. '너도 똑같아! 너도 똑같아!' 그 소란이 얼마나 크던지! 마치 이 모든 짐승이 그날 밤, 봄의 밤하늘 아래에서 누구도 잠들지 못하게 하려는 듯 모든 생명체가, 심지어 분노한 개구리들마저 인생은 단 한 번뿐이라는 사실을 일깨우며 매 순간을 소중히 여기라고 울부짖고 노래하는 것만 같았다."[54]

독자는 리파와 죽은 아이의 비극을 망각한 채, 마치 채색화처럼 풍경을 묘사하며 개구리들의 외침과 계산을 틀리는 뻐꾸기를 농담거리로 삼는 화자의 태도가 부적절하다고 여길 수 있다. 그러나 화자는 자신의 의도를 분명히 인식하고 있다. 그는 문학이 수행할 수 있는 역할을 잘 이해하고 있다. 그것은 단 한 번 주어진 삶을 살아가는 이들에게 메시지를 전달하는 것이다. 무엇보다 그는 표면적으로 진부해 보일 수 있는 이 명제를 진지하게 받아들이고 있다. 사람들은 마치 삶이 끝나지 않을 것처럼 이야기를 나누고 있지 않은가. 종교는 현세의 고통을 견뎌낸 자들에게 미래에 다가올 행복한 삶을 약속한다. 신앙심이 깊은 리파는 종교가 약속하는 미래의 행복에 만족할 수 있을 것이다. 그러나 이 인물을 창조한 작가는 그 약속만으로는 만족하지 않는다. 혁명가들은 민중의 삶을 변화시키겠다고 주장하지만, 그들이 말하는 삶에는 마침표가 없으며, 그들이 구원하려는 고통받는 민중은 태어나지도 죽지도 않는, 추상적인 존재들일 뿐이다. 체호프는 100년, 200년 후의 사람들이 완전히 다른 삶을 살기를 진정으로 바란다. 그러나 그가 그 미래에 기여할 수 있는 유일한 방법은 바로 지금, 이 순간을 살아가는 사람들에게 말을 건네는 것이다. 비록 이들은 고통 속에 살고 있지만, 더 나은 삶을 배우고, 단 한 번 주어진 시간을 소중히 여기며 매 순간을 사랑하는 법을 깨달을 수 있는 존재다. "무엇을 위해 기다리라는 것인가? 살아야 하는데, 그리고 아직 살고 싶은데, 더 이상 살아갈 힘이 없어지기를 기다리라는 건가!"[55]라고 구스베리 농장을 운영하는 이반의 동생은 묻는다. 그는 만족한 자들이 스스로를 속이는 지혜에 반기를 든다. 체호프 또한 그의 불만에 공감하지만, 그 주장을 망치로 문을 두드리듯 강하게 외칠 필요는 없다고 생각한다. 오히려 체호프는 스텝의 고통 어린 저음의 독주를 더 선호한다. 스텝은 자신의 고통에 아무런 이유가 없음을 끝없이 노래하며, 그 고통을 신뢰와 기쁨으로 변모시킨다. "스플류! 스플류! 스플류!"하며 『스텝』의 잠꾸러기 새가 울고, 올빼미는 웃음에서 눈물로, 다시 눈물에서 웃음으로 바뀌는 소리로 화답한다. 이 낮고 고요한 음악 속에서 스텝은 "살고자 하는 열정적인 갈증"[56]을 표현하고 있다. 이 갈증은 쇼펜하우어가 말한 비이성적 의지와 유사하지만, 그가 주장하는 것처럼 고통스럽거나 가혹하진 않다. 우수가 담긴 갈증이지만, 그 우수에는 아이러니와 웃음이 함께한다. 이는 분명히 받아들이기 어려운 색채의 혼합이다. 또한 체호프가 배우와 비평가들에게 그들이 심각한 비극으로 여겼던 작품들이 실은 경쾌한 희극임을 납득시키는 데 끝내 성공하지 못했다는 것은 널리 알려져 있다. 그러나 독자가 리파의 애도 장면에서 숫자 계산에 실패한 뻐꾸기, "너도 같다!"고 외치는 개구리들, 그리고 황소 같은 울음을 내는 해오라기의 소리를 들을 때, 체호프가 독자에게 무엇을 전달하려 했는지 희미하게나마 짐작할 수 있다. 이 새의 울음소리는 스텝의 노래를 요약한 농가 여인의 홀로 부르는 우수 어린 노래와 유사한 특성을 지니고 있다. 이 여인의 노래는 해오라기의 울음소리처럼 어디에서든 들려오면서 동시에 아무 곳에서도 들리지 않는다. 문학이 현재, 즉 지금 이 순간과 맺는 관계도 이와 같은 방식으로 이해될 수 있다.

보이지 않는 새의 귀에 거슬리면서 동시에 위안을 주는 이 노래, 어디에서나 울리지만 어디에도 속하지 않는 이 소리는 누구를 특정하지 않으면서 동시에 모든 이를 향하고 있다. 이 노래는 예술가의 상아탑이나 탐미주의자의 품격을 상징하는 진부한 표현보다 훨씬 더 풍부하며, 다소 당혹스러운 문학적 "무심함"의 단면을 보여준다. 작가는 미래를 위해 교훈을 설파하는 사상가가 아니고, 영원을 기약하며 문장을 대리석에 새기는 고독한 존재도 아니다. 그는 이제 이름 없는 노래가 되어, 매 순간 현재의 삶이 더 아름다워지도록 사람들과 함께하는 존재다.

8.   병사의 눈

자유에서 멀리 떨어져 있지만 그 존재를 멀리서 바라보며 눈을 뜨고 있어야 하는 독자들에게는 어떤 이야기를 들려주어야 할까? 그리고 그 이야기를 어떻게 전해야 할까? 체호프는 자기 작품에서 창작의 원리를 언급하지 않는다. 하지만 그의 인물들은 종종 무심코 다른 이야기를 나누면서 자연스럽게 그것을 제시한다. 창작의 이중적 원리를 담고 있는 소박한 이야기가 바로 「집에서」다. 이 작품에서 아내를 잃은 남편은 가정부로부터 일곱 살 난 아들이 담배 피우는 장면을 목격했다는 이야기를 듣는다. 그는 검사라는 직업을 가지고 있지만, 최근 어머니를 잃은 아들에게 강압적인 방식보다는 설득을 통해 접근하려는 진보적인 성향을 지닌 인물이다. 아버지는 아들한테 차분하게 이성적인 논리로 잘못을 일깨우며, 도덕적 규범을 통해 부끄러움을 느끼도록 유도한다. 그러나 아이는 아버지의 훈계와 질책에 별다른 관심을 보이지 않는다. 오히려 아들은 도덕적인 아버지에게 밤마다 들려주기로 한 이야기를 잊지 말라고 상기시킨다. 아버지는 더 이상 들려줄 이야기가 없었고, 이야기를 창작하는 데 재능이 부족하다. 이에 그는 그때그때 즉흥적으로 이야기를 만들어내기 시작한다. 그의 이야기는 여러 장면이 자연스럽게 이어지며 전개된다. 그 이야기에는 전설속 왕국의 군주가 등장하는데, 그 군주는 유리 궁전에서 살며 화려한 정원에 둘러싸여 있다. 그 정원에는 튤립, 장미, 은방울꽃이 흐드러지게 피어나고, 오렌지, 베르가못, 체리가 탐스럽게 익어간다. 여러 빛깔의 새들이 노래를 부르고, 나무에 매달린 유리 종은 바람결에 맑은 소리를 낸다. 그러나 이 낙원에는 예상치 못한 어두운 그림자가 드리워진다. 선한 왕세자는 단 하나의 결점이 있었으니, 그것은 바로 담배를 피우는 버릇이었다. 결국 그는 이 때문에 폐병에 걸려 스무 살의 나이에 요절하고 만다. 나이 든 군주는 끝내 적들에게 무방비로 패배하고, 적들은 군주를 살해한 후 궁전을 무너뜨린다. 한때 빛나던 정원에는 이제 체리도, 새들도, 나무에 매달린 종소리도 사라지고 없다. 이 아름답고도 비극적인 이야기를 들은 아이는 깊이 감동받아 더 이상 담배를 피우지 않겠다고 마음먹는다.

이 이야기의 교훈은 매우 단순해 보이며, 어쩌면 지나치게 소박하게 느껴질 수도 있다. 잘못을 저지른 이들에게 직접적인 훈계를 하는 것은 그 효과가 미미하다. 오히려 그들에게 다른 모습으로 그들 자신을 비춰주는 이야기를 들려주고, 스스로 교훈을 깨닫도록 하는 것이 더 지혜로운 방법일 것이다. 이는 작가가 당대 사람들에게 삶의 변화를 일깨우기 위해 사용한 방식이 아니었을까? 그러나 문제는 그렇게 단순하지 않다. 쓰디쓴 교훈을 달콤하게 포장하는 것만으로는 삶의 진정한 변화를 기대할 수 없다. 이 사실을 아버지도 잘 알고 있다. 아이가 굴복한 이유는 이야기가 주는 매력과 상상의 세계를 지키고자 하는 강한 열망 때문이었다. 하지만 그것은 허구 속에서 얻는 즐거움을 단지 또 다른 감정, 즉

우화가 비추는 자기 삶에 대한 부끄러움을 일깨우는 수단으로만 사용하는 것을 의미하지 않는다. 오히려 그것은 상반된 감정들을 조화롭게 융합하거나, 더 나아가 서로 대립하는 감정의 경계에서 새로운 감정을 창조함으로써 새로운 방식의 감각을 불러일으키는 것을 뜻한다.

　　이는, 어떤 의미에서는 인간의 불행이나 악덕의 재현에 선한 미덕을 부여하려는 시도만큼이나 오래된 문제다. 루소가 제기한 이 딜레마는 이미 널리 알려져 있다. 악덕의 재현을 통해 즐거움을 느끼게 하면서도 어떻게 악덕에 대한 혐오를 일으킬 수 있을까? 이에 대한 한 가지 해결책은 그 즐거움을 줄이는 것이다. 사회나 특정 집단의 악덕을 극도로 어둡게 묘사하여 독자나 관객이 그것을 더 이상 견딜 수 없게 만드는 것이다. 이것이 19세기 러시아 문학을 대표하는 작가 중 한 명인 살티코프 셰드린의 시각이다. 그의 작품에 묘사된 러시아 귀족들의 어두운 면모는 참기가 너무 힘들다. 『골로블료프가의 사람들』에 등장하는 추악한 반영웅적 인물인 "작은 유다"가 불러일으키는 혐오는 피할 수 없다. 이러한 혐오는 기존 사회질서에 대한 증오와 이를 근본적으로 변화시키려는 열망을 자극할 수 있다. 그래서 살티코프 셰드린은 소비에트 시대의 러시아에서 위대한 선구자로 존경받았다. 하지만 체호프는 이런 방식의 변화를 믿지 않는다. 그는 사람들이 자신이 사는 삶에 대한 혐오만으로는 사회를 근본적으로 바꿀 수 없다고 본다.

혐오는 여전히 억눌린 감정으로, 반항보다는 적대감으로 이어질 가능성이 크다. 삶을 변화시키는 것은 적대감을 가진 이들이 아니라, 자기 삶에서 부족함을 더 진솔하고 조화롭게 느끼기 시작한 사람들이다. 그 시대 사람들에게 부끄러움을 일깨우는 작품은 거칠지만 위로를 주는 해오라기의 노래처럼, 사람들에게 두 번의 눈물을 흘리게 한다. 한 번은 부끄러움으로, 또 한 번은 그에 따른 위로로 말이다. 이로써 그들의 불행을 더 긍정적인 방식으로 보고, 듣고, 느끼게 만들어야 한다.

문제는 이제 그것을 어떻게 실천할 것인가이다. 이와 관련하여「집에서」의 소박한 이야기는 우리에게 중요한 실마리를 던져준다. 아버지가 아이를 설득할 수 있었던 이유는 설득하려는 노력을 기울이지 않았기 때문이다. 즉, 설득하려는 의도를 버리고 그저 아름다운 이야기로 아이에게 즐거움을 주고자 했던 것이다. 아버지는 독특한 방식으로 이야기를 풀어갔다. 즉흥적인 장면들이 마치 우연에 의한 것인 듯 자연스럽게 이어졌다. 물론 이것은 체호프의 방식과는 다르다. 그의 이야기들은 순간적인 영감에 의존해 에피소드를 전개시키는 구조가 아니다. 그러나 체호프의 이야기와 비콥스키 검사가 아들에게 들려준 이야기에는 공통점이 있다. 그것은 각 장면이 앞뒤와 필연적으로 연결되지 않고 독립적으로 전개된다는 점이다.

한 가지 예로「공포」라는 단편소설을 살펴보자. 화자는 시골에서 그를 항상 따뜻하게 맞아주는 친구 부부의 집을 방문한다. 일요일 아침, 그는 집주인과 함께 마을로 가서 자쿠스키(러시아식 전채 요리)를 사려고 나선다. 그때 그들은 '40인의 순교자'라는 별명을 가진 초라한 옛 하인을 만난다. 그 하인은 그들의 뒤를 끊임없이 따라간다. 저택으로 돌아갈 마차를 기다리던 중 화자는 친구의 속마음을 듣게 된다. 친구는 매일 자신에게 일어나는 일들을 전혀 이해하지 못해 두려움 속에서 살고 있다고 고백한다. 특히 자신의 끈질긴 구애에 지친 아내가 '나는 당신을 사랑하지 않지만, 충실한 아내가 되겠다'라고 말한 이후 그런 아내와 어떻게 함께 살아가고 있는지 도저히 이해할 수 없다고 털어놓는다. 그날 저녁 즐거운 식사를 마친 후, 이튿날 이른 아침에 떠나야 하는 남편은 서둘러 잠자리에 들었다. 화자는 집주인 부인과 단둘이 남겨졌고, 그녀는 무표정한 얼굴로 굳이 함께하지 않아도 된다고 말한다. 화자는 정원을 거닐다가 다시 '40인의 순교자'라 불리는 하인의 탄식을 듣게 된다. 그는 자신의 불행한 삶을 한탄하며 울고 있었다. 그 순간 화자는 자신의 저녁 시간을 헛되이 보내지 않기로 결심하고, 친구의 아내를 격정적으로 끌어안는다. 그녀는 그를 따라 방으로 가며, 자신의 사랑을 고백하고 그와 함께 떠나고자 하는 열망을 솔직하게 드러낸다. 이튿날 아침 그녀가 그 방에서 나오는 순간, 잊고 간 모자를 찾으러 온 남편과 마주친다. 그러나 남편은 아무 일도 모르는 듯, 다시 한번 자신에게 무슨 일이 벌어지고 있는지 전혀 이해할 수 없다고 말할 뿐이다. 이제 화자는 자신에게 왜 이런 일이 벌어졌는지, 그 모자가 어떤 의미를 지니는지, 그리고 이 일련의 사건이 누구를 위한 것인지 곰곰이 생각하며 그 집을 영원히 떠나기로 결심한다. 부부는 여전히 그들만의 삶을 이어갈 것이다.

사소한 사건이 연이어 발생해 인물들의 삶에 변화를 일으킬 듯하지만, 결국 그 누구에게도 큰 영향을 미치지 않고 지나가고 만다. 이는 작품 속 "장면들"과 작은 에피소드들이 필연적인 인과관계를 형성하지 않음을 보여준다. 체호프의 많은 단편소설은 이런 구성을 따른다. 아침부터 저녁까지 이어지는 시간 속에서 별다른 이유 없이 일이 일어나기도 하고, 반대로 일이 일어날 듯한 순간에 아무 일도 벌어지지 않는다. 독자는 「집에서」의 가정적인 아버지가 즉흥적으로 이야기를 만들어가는 모습을 본다. 그러나 체호프의 단편소설에서는 마치 인생 자체가 끝없이 이어지는 즉흥성으로 구성된 듯한 느낌을 준다. 상황의 반전은 거의 없고, 필연적인 인과관계의 흐름도 찾아보기 어렵다. 그의 등장인물들은 운명의 중대한 전환점에 서서 대단한 사건을 일으키는 부류가 아니다. 그들은 언제나 무언가가 일어날 것 같으면서 아무 일도 일어나지 않는 경계 위에서 평범하게 삶을 영위한다. 이러한 삶은 두 가지 대표적인 시나리오로 구성된다. 하나는 어떤 일이 발생할 수 있었으나 결국 일어나지 않는 경우이고, 다른 하나는 일이 일어나지만 그것이 특별한 이유 없이 일상 속에서 그저 머무는 경우다. 이와 같은 두 가지 시나리오를 보여주는 작품으로, 거의 같은 시기에 발표된 「친구 집에서」와 「고향에서」가 있다. 첫 번째 작품에서 변호사 포드고린은 친구의 초청을 받아 그의 집을 방문한다. 그 집안의 재정 상태는 파탄 직전에 이르렀고, 저택은 곧 경매에 넘어갈 처지에 놓여 있다. 친구는 이를 타개하기 위해 포드고린이 집안의 막내딸과 혼인해주길 기대하고 있다. 이야기의 주요 장면에서 포드고린은 밤중에 테라스에 서서 깊은 생각에 잠기고, 조금 전 그의 품에서 춤을 췄던 아름다운 나제즈다가 그 아래를 걸어간다. 그녀는 밤하늘을 배경으로 꿈결처럼 홀로 거닐고 있다. 포드고린은 그녀에게 말 걸 기회가 있었으나 끝내 침묵을 지킨다. 나제즈다는 잠시 누군가 있을 것이라 여겨 멈칫하지만, 이내 아무도 없음을 깨닫고 자리를 떠난다. 이후 포드고린은 서둘러 짐을 챙겨 다시는 그 집을 찾지 않기로 결심한다. 반면 「고향에서」는 이와 반대되는 상황을 묘사한다. 아버지가 사망한 후 깊은 시골로 돌아온 젊은 베라는 여전히 농노를 학대하던 과거의 나쁜 관습이 남아 있는 고향과 가족을 보고 충격을 받는다. 욕심 많은 이모는 베라를 지역의 부유한 의사이자 사업가인 네차포프와 결혼시키려 한다. 베라는 그에게 전혀 매력을 느끼지 못하지만, 여러 상황을 고려한 끝에 특별히 그와 결혼하지 않을 이유도 없다는 결론을 내리고 그와 혼인한다.

한 사람은 도피하고, 다른 사람은 머물지만, 두 사람 다 각기 다른 삶의 가능성을 스스로 포기한다. 이러한 가능성은 때로 한순간에 결정된다. 이는 포드고린의 사례와 같으며,「공포」의 주인공이나「베로치카」에 등장하는 젊은 통계원 아그네프에게도 적용된다. 동일한 이야기가 불과 며칠 만에 인생을 압축하여 그려질 수 있다.「큰 발로자와 작은 발로자」에서 소피아는 처음에는 막 결혼한 나이 많고 잘생긴 큰 발로자 대령에 대한 뜨거운 기쁨을 드러내지만, 이튿날 아침 그녀는 오랫동안 사랑해온 군의관 작은 발로자에게 몸을 맡긴다. 일주일 뒤 그는 소피아를 떠나고 그녀는 다시 평범한 일상으로 돌아간다. 그러나 두 발로자는 여전히 당구와 카드놀이를 계속할 것이다. 거의 아무 일도 일어나지 않는 이야기라도 몇 달에 걸쳐 전개될 수 있다. 『지루한 이야기』가 그런 예다. 이 작품은 하루하루가 똑같이 반복되는 노교수의 삶을 다루고 있다. 그의 하루는 평범한 아내와 딸이 이끄는 단조로운 가정생활과,「갈매기」의 니나처럼 실패한 배우인 대녀와 저녁 시간을 보내는 일로 이루어진다. 노교수는 대녀를 아끼고 사랑하며, 호텔 방에서 죽음을 기다리면서 그녀가 마지막으로 한번쯤 자신을 돌아봐주기를 기대하지만, 그 소망은 결국 이루어지지 않는다.

때때로 잔혹한 사건들이 평범한 일상을 깨뜨리기도 한다. 예를 들어 질투에 사로잡힌 여인이 리파의 아이에게 끓는 물을 쏟아붓거나, 늙은 독실한 신자 야코프의 아내가 마트베이의 머리를 병과 다리미로 내리치는 일이 그렇다.「착한 여자들」에서 마첸카는 자신이 사랑하는 애인과 즐거운 시간을 보내던 중, 복무를 마치고 운 나쁘게도 시기를 잘못 맞춰 집으로 돌아온 남편에게 비소를 먹인다. 같은 작품에서 젊은 볼로디아는 자신이 안아본 여성이 그의 유혹을 비웃고 조롱하자 권총으로 목숨을 끊는다. 하지만 체호프의 작품에서 폭력은 드문 편이다. 마첸카의 과감한 행동에 대한 여행자의 이야기가 불행한 결혼생활을 하는 두 여인에게 잠시 희망을 주기도 하지만, 이야기가 끝나면 여행자는 떠나고, 불륜을 저지르는 아내와 속은 아내의 일상은 원래대로 돌아간다.

체호프의 단편소설에서 폭력적인 행동이 드문 이유는 명확하다. 극단적인 폭력은 강력한 동기와 복잡한 설명을 필요로 하기 때문이다. 어떤 이들은 이를 억압받고 무지한 민중의 비참한 처지, 사회적 환경의 압박, 또는 여성들에게 부당하게 부과된 불평등한 조건에서 기인한다고 본다. 반면 다른 이들은 종교적 가르침의 망각, 전복적 사상가들이 심어놓은 범죄적 사고방식, 혹은 균형을 상실한 사회의 신경증으로부터 비롯되었다고 해석한다. 그러나 체호프는 이런 사회적, 심리적, 이념적 설명을 배제하고, 등장인물들의 행동에 거창한 이유를 부여하지 않는다. 다시 말하지만, 예속 상태는 그 자체가 유일한 원인이다. 사람들은 자신들이 개선할 수 있는 비참한 삶의 유일한 책임자다. 그들은 매 순간 시간과 관련하여 두 가지 방식 중 하나를 선택해야 한다. 하나는 '모는 것이 흘러간다'이고, 다른 하나는 '아무것도 흘러가지 않고 모든 것은 흔적을 남긴다'이다. 이는 일상의 흐름을 따를지, 아니면 새로운 삶의 부름에 응답할지를 결정하는 문제다. 체호프의 작품이 다루는 핵심은 바로 이러한 윤리적 선택이다. 그의 이야기 형식은 필연적인 연결 없이 독립된 순간들로 이루어져 있으며, 각각의 순간은 서로 대체 가능하다. 등장인물들이 그저 한 걸음 내딛는 선택만으로도 그들의 삶은 변할 수 있다. 이러한 선택은 드물지만,「약혼녀」의 나자처럼 가족을 떠나는 결정을 할 때가 있다. 그러나 그녀의 미래에 벌어질 일들은 이야기의 끝 이후에야 시작된다. 체호프는 젊은 여성들과 쉽게 공감할 수 있지만, 그의 역할은 나자의 미래를 구체적으로 만들어내는 것이 아니다. 그의 임무는 다른 등장인물들과 마찬가지로, 나자가 새로운 길을 선택하는 순간을 포착하고, 그녀가 '무언가'와 '아무것도 아님' 사이의 미묘한 경계를 따라 나아가는 과정을 함께하는 것이다. 그래서 작가에게 이야기란 대부분 경우 이야기의 완성이 아니라 그 가능성, 즉 변덕스러운 「아리아드네」의 불행한 연인이 말하는 것처럼 "어떤 이야기의 도입부"[57]를 의미한다. 그는 이 경계를 고집하며 한 사회와 시대, 무엇보다 온전히 자신만의 태도로 살아가는 삶의 방식 ─또는 그렇지 않은 방식─에 대해 증언하고자 한다.

　　이러한 주장은 과도해 보인다. 그러나 과도함 자체가 하나의 창작 원칙이다. 이를 이해하려면 「집에서」가 전하는 교훈을 더 깊이 살펴볼 필요가 있다. 하지만 이제는 가르침의 주체를 바꿔야 한다. 이번에는 어린 세료자가 우리에게 가르침을 줄 차례다. 이 아이는 그림 그리기를 좋아하는데, 아버지에게서 합당한 비판을 받는다. 비율을 무시하고 집 옆에 서 있는 군인을 집보다 더 크게 그렸다는 것이다. 그러나 아이는 조금도 주눅 들지 않고 완벽한 답을 내놓는다. 만약 군인을 비율에 맞게 그렸다면 그의 눈을 볼 수 없었을 것이라고 말이다.

가장 중요한 것은 군인의 눈을 보는 것이다. 이를 위해서는 비율의 불균형을 받아들여야 한다. 어린 세료자는 겉으로는 인상주의적인 미학을 따르고 있는 듯하다. 화자는 세료자가 연필로 단순히 사물을 그리는 것이 아니라 자신의 감각을 표현한다고 말한다. 또한 그는 글자마다 색깔에 대해 고유한 생각을 가지고 있다. 세료자는 'l'을 노란색으로, 'm'을 빨간색으로, 'a'를 검은색으로 그린다. 체호프는 상징적 대응이나 공감각에 크게 집착하지 않는다. 그러나 그 또한 중요한 것은 시선을 그리는 것이라 생각하며, 이야기의 비율을 무시할 수 있다고 본다. 작품을 쓰기 시작한 그의 동생에게도 늘 같은 조언을 건넨다. '줄거리'는 없어도 무방하다, 중요한 것은 '주제'다.[58] 그에게 주제란 일상적인 시간 속에서 압축된 작은 순간이다. 그 순간에 사람들은 자신이 보고 있는 것에 집중하며, 예속의 숨결을 느끼거나 다른 삶에 대한 부름을 감지하게 된다. 체호프가 포착해 그려내는 것은 바로 인물들이 세상을 바라보는 방식과 그들이 느끼는 감각이다. 이러한 묘사 방식이 그의 작품에 독특한 개성을 부여한다. 체호프는 등장인물들이 사는 집안 환경이나 가구에 대한 상세한 설명을 거의 하지 않는다. 대신 그들의 감각을 깊이 있는 분위기로 담아내며, 동틀 무렵의 빛이나 저무는 햇살, 하늘을 가로지르는 구름, 멀리서 들려오는 노래, 낮의 한순간, 혹은 밤중에 울리는 종소리와 같은 자연의 장면들로 표현한다. 이런 작은 장면들은 겉보기엔 불균형할 수 있으나, 그 안에는 사회와 시대, 그리고 삶의 방식을 응축한 하나의 총체적 현실이 담겨 있다.

하나의 장면이 지나면 또 다른 장면이 이어지고, 한 음색이 끝나면 또 다른 음색이 흐른다. 체호프의 작품에서 자주 등장하듯, 음악은 중요한 비유로 사용된다. 그의 가장 영감 넘치는 단편소설 중 하나인 「피리」는 비 내리는 흐린 날 영지 관리자와 나이 든 목동의 만남을 그린다. 목동은 인간이 자연을 파괴하는 것에 대해 긴 항변을 펼치며, 이는 「바냐 아저씨」의 의사 아스트로프의 사상과 맞닿아 있다. 목동은 또한 자신이 만든 목가적 피리를 연주하는 음악가이기도 하다. 그러나 그의 음악은 매우 독특하다. "그는 고작 다섯, 여섯 음만을 사용했으며 (…) 그것들을 천천히 이어갔다. 하나의 모티프로 통합하려 하지 않았다. 가장 높은 음은 떨리며 위로 받지 못한 눈물처럼 부서졌고, 피리가 마치 고통과 두려움을 느끼는 것 같았다. 가장 낮은 음은 안개, 슬픔에 젖은 나무들, 흐린 하늘을 떠올리게 했다."⁵⁹ 집사는 그 소리를 듣고 "자연 속에서 보이는 혼란을 떠올리며 쓸쓸함과 깊은 슬픔"⁶⁰을 느낀다.

　　풍경을 그리는 작가는 분명 이러한 슬픔을 함께 느낀다. 하지만 그가 진정으로 깊은 슬픔을 느끼는 것은, 그를 둘러싼 사람들이 주어진 단 한 번의 삶을 살아가는 방식에서 오는 혼란 때문이다. 그들은 때로 삶을 잊어버린 채 살아가고 있다. 그의 등장인물들이 혼란스럽게 생각하고 행동하는 모습은 마치 늘어지는 음표들처럼 이어질지 모른다. 그러나 그는 이 모든 요소를 자신만의 방식으로 하나의 곡으로 엮으려 애쓴다. 슬픔의 음조 위에 위로의 선율을 덧붙이는 일은 그에게 각별한 의미를 지닌다. 이 선율은 포기와 체념의 음에 섞여 언젠가 다가올지 모를 행복의 약속을 부드럽게 담아낸다. 도망치는 사람과 체념하는 사람이라는 두 가지 전형적인 시나리오는 각각 더 밝거나 더 어두운 색조로 두 가지 해석을 제시하지만, 두 색조 속에 평온함을 내포하고 있다. 포드고린이 밤중에 자신을 기다리며 가까운 행복을 약속하는 그녀에게 침묵으로 답하는 것은, 그가 이를 거부하는 태도 속에서조차 더 멀리 있고 고귀한 또 다른 행복의 선율을 암시한다. "이 순간, 탑에 앉아 있던 그는 오히려 멋진 불꽃놀이를 보거나 달빛 아래에서 행진을 지켜보고 싶었을지도 모른다. 아니면 바리야가 다시 한 번 '철도'를 낭송하는 것을 듣고 싶었을 수도 있다. 혹은 사랑이나 행복과는 무관하게 흥미로운 이야기를 해주는 다른 여자가 지금

나데즈다가 서 있는 자리에 있기를 바랐을지도 모른다. 그 여자가 만약 사랑에 대해 이야기했다면, 그것은 새로운, 고상하고 이성적인 삶을 향한 부름이었을 것이다. 그런 삶은 이미 우리 곁에 가까이 다가와 있으며, 때때로 그 존재를 느낄 수 있는 것일지도 모른다……."[61]

베라가 외딴곳에서의 단조로운 삶과 사랑 없는 결혼을 받아들이는 체념 속에는 아직 밝혀지지 않은 행복에 대한 어떤 약속도 없다. 그러나 작품은 그녀를 스텝의 노래로 위로한다. "아름다운 자연, 꿈, 음악이 말하는 것과 현실이 말하는 것은 다르다. 아마도 행복과 진리는 삶 바깥 어딘가에 존재할지도 모른다……. 사는 것 자체가 중요한 게 아니라, 풍요롭고 무한하며 무심한 스텝 속에 영원히 용해돼야 한다. 꽃과 고분들, 그리고 멀리 펼쳐진 풍경과 함께, 그러면 모든 것이 잘될 것이다……."[62]

'모든 것이 잘될 것이다……'라는 말에는 반대로 해석해야 할 씁쓸한 아이러니와 그에 동반된 음악의 부드러움이 있다. 점으로 표현된 생략 부호는 무심한 스텝 속에 묻히는 베라의 모습과 포드고린의 침묵을 통해 감지되는 새로운 삶의 형태를 반향하게 한다. 잃어버린 삶의 작품 속에서 노래는 등장인물들이 포기한 약속을 여전히 지켜내고 있다.

9.　　　　　　　　　　시작도 끝도 없이

작품은 그 시대를 반영한다. 그리고 상반되어 보이는 두 조건 속에서 새로운 시대를 열 가능성을 가진다. 첫 번째는 작품이 시대적 해석에 의존하지 않는 것, 즉 고유한 시간성을 유지하는 것이다. 두 번째는 작품이 완결되지 않은 상태로 남는 것이다. 작품의 통일성은 필연적으로 연결되지 않은 에피소드들의 단절을 넘나드는 섬세한 선율 속에서 형성된다. 또한 작품은 특정한 시작도 끝도 없이 자연스럽게 사라져야 한다. 이반 부닌의 농담 같은 말이 이러한 모순적인 요구를 요약하고 있다. "어떤 이야기가 끝났다면, 그 시작과 끝을 없애버리는 것이 맞다. 이 부분에서 작가들은 가장 큰 거짓을 말한다."[63]

거짓을 피하는 것, 이는 글쓰기가 자유로운 거리를 유지하는 절대적 조건이다. 그러나 문학에서의 거짓은 서술된 사건들의 진위에 관한 것이 아니다. 거짓은 사건들이 서로 이어지는 방식에 있으며, 또한 그것을 연결하는 시간의 본질과도 깊이 관련 있다. 시간에 대한 가장 큰 왜곡은 시간의 흐름을 필연성으로 해석하는 것이다. 이 왜곡은 특히 이야기가 시작되고 끝나는 지점에서 더 뚜렷하게 드러난다. 만약 이야기가 사회적 또는 심리적 결정론을 바탕으로 인물의 행동을 설명하며 그들의 행위를 인과적으로 합리화하는 방식으로 시작된다면, 그 시작은 진실하지 않다. 마찬가지로 행위가 종결되고 더 이상 새로움이 없다는 것을 암시하는 결말 또한 진실하지 않다. 진실한 작가는 「꿈」에서처럼 인물들을 길 가던 중에 데려와 행동하게 하며, 그들을 길 한가운데에 남겨둔다. 그는 사건을 "있는 그대로", 즉 중간에서 서술한다. 체호프의 작품들은 원인으로서의 시작이나 필연적인 결말과는 무관하다. 그의 이야기는 인물들의 과거를 설명하거나 그들이 속한 환경을 자세히 묘사하며 시작하지 않는다. 대부분은 시간과 장소를 간단히 밝히는 것만으로 이야기가 전개된다. 「약혼녀」는 "밤 10시가 이미 지났고, 보름달이 슈민의 집 정원을 밝히고 있었으며 (…) 저녁 미사가 막 끝난 참이었다"[64]라는 묘사로 서막을 연다. 「3년」은 다음과 같이 시작된다. "석양이 아직 남아 있었지만, 이곳저곳 창문에 불빛이 들어오기 시작했다. 라프테프는 현관 옆 벤치에 앉아 저녁 기도가 끝나기를 기다리고 있었다……."[65] 또한 「학생」은 "처음엔 날씨가 맑고 고요했다"[66]라는 매우 간결한 서술로 시작된다. 이와 같은 간단한 시작 다음에 어떤 일이든 벌어질 수 있다.

그러나 단순히 시작의 무심함만으로는 충분하지 않다. 또한 시작은 과거의 이야기를 그대로 이어받아 출발점으로 삼지 않아야 한다. 이러한 원칙은 특히 등장인물이 그 시대를 대표하는 듯 보일 때 더 엄격하게 적용된다. 「나의 인생」이 그 예시다. 이 작품은 지주 계급의 아들이 노동자로 변신하는 이야기를 다룬다. 그러나 체호프의 시대에 흔히 볼 수 있었던 자서전적 작품들과는 달리, 이 이야기에서 미사일의 "인생"은 출생으로부터 시작되지 않는다. 그의 어린 시절이나 어머니와의 이별, 환상, 슬픔에 대한 설명도 전혀 없다. 그의 인생은 특정한 순간, 우스꽝스러운 대화로 시작된다. 부서의 책임자가 그에게 "네 아버지의 배려가 없었다면 진작에 너를 하늘로 날려버렸을 텐데"라고 말하는 장면에서 시작된다. 미사일은 그저 바로 대답한다. "국장님, 제가 날 수 있다고 생각하시다니, 그 말씀은 저를 너무 높이 보시는 것 같습니다."[67] 이제 작품이 펼쳐갈 "그의" 인생은 이 한마디 농담으로 시작된다. 더 의미심장한 것은 혁명이 없는 혁명가의 이야기를 담은 「어느 이름 없는 사람의 이야기」의 시작이다. 작품은 독자가 주인공을 처음 만나게 되는 상황에 대한 아무런 설명 없이 시작된다. "지금 이유를 말할 필요는 없지만, 여러 사정으로 나는 페테르부르크의 관료 오를로프의 하인으로 일할 수밖에 없었다."[68] 그러나 그가 오를로프의 하인으로 들어가게 된 이유만 해명되지 않은 게 아니다. 더 나아가 그가 어떻게 혁명가가 되었고, 그로 인해 어떤 행동을 했는지조차 명확하지 않다. 그는 오를로프에게 버림받은 연인 지나이다가 자신의 "경이로운 모험들"[69]을 듣고 고통스러워하며 양손을 쥐어 잡았다고 언급하지만, 그 모험에 대해서는 아무 말도 하지 않는다. 이 이름 없는 인물의 "인생"은 이야기의 첫 문장에서 시작되어 마지막 문장에서 끝날 것이다.

그러나 결말에 대한 문제는 시작을 다루는 것보다 훨씬 더 복잡하다. 끝이 없는 것을 어떻게 마무리할 것인가에 대한 고민은 체호프만 직면한 문제가 아니다. 이는 더 이상 사회적 지위나

손에 닿지 않는 여성을 쟁취하려는 장편소설의 정복적 서사에 집착하지 않고, 삶을 이루는 다양한 감각적 경험에 주목하는 새로운 글쓰기 방식이 등장한 시대적 흐름을 반영한다. 플로베르처럼 원인과 결과의 연쇄를 더 이상 신뢰하지 않는 작가들에게 결말을 내리려는 욕망은 무의미하다. 그럼에도 불구하고 끝없이 이어질 수 있는 이야기에도 결국 마침표를 찍어야 할 순간은 온다. 조지프 콘래드가 자주 사용하는 기법이 있다. 그는『로드 짐』에서 모험가를,『노스트로모』에서는 귀족 아버지를 등장시켜 끝없이 방황하는 영웅을 제거하는 역할을 맡긴다. 플로베르 역시 독특한 방식으로 결말을 처리한다. 그의 작품들은 삶처럼 무의미한 결말을 통해 거대한 꿈의 허무를 드러낸다.『감정 교육』에서는 프레데리크와 데로리에가 그들의 인생에서 가장 중요한 순간이 터키의 매춘굴을 방문하지 못한 것이라 생각하고,『부바르와 페퀴셰』에서는 두 주인공이 다시 문서를 베끼는 일로 돌아가며,『마담 보바리』의 마지막에는 오메가 훈장을 받는 장면이 나온다. 체호프는 플로베르의 방식을 따를 때가 있는데, 그 예로「여인들의 왕국」을 들 수 있다. 이 작품에서 주인공 안나 아킴로브나는 공장 소유주가 아니었던 시절의 행복을 떠올리며 여러 자선 활동을 계획하고, 노동자 중 한 사람과 결혼할 꿈을 꾸지만, 연례 축제에서는 사교적 의무를 충실히 이행한다. 그러나 결국 그녀는 불행한 사랑을 경험한 하녀와 함께 울고 웃으며, 자신이 품었던 모든 이상이 헛된 것임을 깨닫는다. 두 사람은 자조적으로 말한다. "우리는 참 어리석구나! 아, 우리가 얼마나 어리석었던가!"[70]

체호프는 종종 이야기의 결말을 명확히 제시하지 않고 열어둔 채 마무리한다. 예를 들어 「아리아드네」에서는 화자가 젊은 여성에게 상처받은 남성의 비극적 이야기가 어떻게 끝났는지 모른다고 전한다. 하지만 체호프는 플로베르나 콘래드처럼 니힐리즘적 관점을 취하지 않는다. 그에게 결말의 부재는 모든 것이 지나가고 헛되다는 것을 의미하지 않는다. 오히려 그것은 자유가 항상 멀리 있으며, 우리가 쉽게 닿을 수 없다는 것을 뜻한다. 이때 중요한 것은 그 거리를 존중하는 동시에, 그 거리가 우리를 자유로 나아가도록 끊임없이 부르고 있다는 사실이다. 그러므로 체호프는 단순한 결말을 피하며, 다의적이거나 미완의 결말을 제시하는 것이다.

다의적인 결말의 전형적인 예는 「결투」의 마무리에서 잘 드러난다. 이 긴 이야기는 두 인물 사이의 적대감을 중심으로 전개된다. 첫 번째 인물은 라예프스키로, 나태한 관료이며, 다른 남자의 아내를 유혹해 함께 도망친 후 흑해의 한 항구에 머물고 있다. 이제 그는 그 여인과 헤어지기를 원한다. 오네긴처럼 시대의 방랑자 역할을 하는 이 무기력한 인물에 맞서는 상대는 반 코렌이다. 그는 해파리를 연구하는 동물학자이자 다윈주의에 심취한 과학자로, 라예프스키와 같은 기생적인 인물은 사회에서 제거되어야 한다고 생각한다. 결투가 무산된 후 이야기는 방향을 선회한다. 라예프스키는 자신의 과오를 깊이 뉘우치며 채무를 갚기 위해 성실히 노력하고, 남편을 잃은 자신의 연인과 혼인한다. 반 코렌 역시 자신의 지나친 엄격함을 반성한다. 그는 라예프스키를 떠나며 "참된 진리는 아무도 알 수 없다"[71]는 말을 남기는데, 이는 이야기가 종결되는 것을 암시하는 듯하다. 라예프스키도 이것을 그러한 의미로 받아들인다. 그러나 그는 험난한 파도를 헤치고 작은 배에서 대형 선박으로 나아가는 반 코렌을 바라보며, 그것을 인간이 진리를 찾아가는 과정의 비유로 여긴다. 그는 이 장면을 "앞으로 두 걸음, 뒤로 한 걸음"이라는 말로 요약하는데, 이는 몇 년 후 레닌이 변형하여 사용한 표현이기도 하다. 그는 "누가 알겠는가? 어쩌면 그들이 진정한 진리에 도달할지도 모른다"[72]라고 결론 짓는다. 이는 두 번째 결말을 의미하는 말이다. 그러나 배가 나아가는 모습에서 미래에 대한 비유로 여겨졌던 이 장면은 즉시 한 관객의 직설적 발언에 의해 반박된다. "아무것도 보이지 않고, 아무 소리도 들리지 않아요." 이것이 세 번째 결말의 말일 수 있다. 그렇지만 여전히 끝이 아니다. 이야기는 무심한 자연에 의해 막을 내릴 것이다. "가느다란 비가 내리기 시작했다."[73]

　　미완의 결말은 이야기의 논리적 결말과 종종 모순되는 서술적 묘사를 통해 더 미묘하고 응축된 방식으로 드러난다. 가장 좋은 예는「어느 이름 없는 사람의 이야기」의 결말이다. 이 이야기의 주인공 또는 반영웅은 어린 소녀를 그녀의 친부이자 관료인 오를로프에게 데려다준다. 주인공은 외국에서 아이의 어머니가 자살한 후 소녀를 맡아 돌봐왔다. 그는 소녀를 깊이 사랑하지만, 폐결핵 말기에 다다른 자신의 상태와 그녀의 미래를 보장해야 한다는 책임감으로 더 이상 그녀를 돌볼 수 없다는 사실을 깨닫는다. 그러나 오를로프는 소녀에게 전혀 관심이 없다. 다행히 그에게는 유력한 친구인 변호사 페카르스키가 있다. 페카르스키는 감정적인 문제에는 둔감하지만, 사람들이 부탁하는 문제를 능숙하게 처리하는 능력을 지닌 사람이다. 오를로프는 아이 문제를 페카르스키에게 맡기고, 얼마 지나지 않아 주인공에게 모든 일이 해결되었다는 소식을 보낸다. 페카르스키가 소녀를 돌볼 수 있는 기관을 찾아낸 것이다.

이야기는 여기서 끝나는 듯하지만, 마지막 한 문장이 이를 완전히 다시 펼친다. "내가 그 편지를 읽고 있을 때, 소녀는 탁자에 앉아 나를 주의 깊게 바라보고 있었다. 마치 자신의 운명이 결정되고 있음을 아는 듯이."[74] 분명히 아이의 시선은 운명을 바꾸지 못할 것이다. 주인공은 결국 아이와 헤어져야 하기 때문이다. 그럼에도 불구하고 그 시선은 이야기의 결말을 불확실하게 만드는 힘을 지닌다. 이 시선은 오를로프 같은 "자유주의자"와 그의 문제 해결사 페카르스키가 주도하는, 타협과 비겁함으로 가득한 세계에 대한 묵직한 반박으로 다가온다. 그 시선은 소녀에게 예정된 미래 너머로 다른 가능성의 빛을 비춘다. 주인공은 자신의 임무를 마치고, 아이는 맡길 곳이 정해졌지만, 그 아이의 시선은 그렇지 않다. 마지막으로 발언하는 것은 그 시선이며, 그 시선이 전하는 말은 아무것도 끝나지 않았다는 것이다. 자유는 여전히 멀리, 그리고 먼 곳에 있다는 것이다.

　　이 미완의 결말은 이야기를 끝내면서도 완전히 마무리하지는 않음으로써 냉소적인 자유주의자와 좌절한 혁명가의 대립을 중심으로 한 작품의 의미를 더욱 부각한다. 미래를 향한 길을 개척하겠다고 주장하는 진보주의자들과, 모든 미래는 헛되며 오직 개인과 문명의 종말만이 남았다고 말하는 니힐리스트들 앞에서 체호프의 작품은 고집스럽게 시간의 불확실한 열림을 묘사한다. 자유의 땅은 여전히 멀리 있으며, 그곳까지의 거리는 측정할 수 없을 뿐만 아니라, 그곳으로 가는 길도 명확하지 않다. 하지만 이 거리가 또한 우리를 자유에 대한 갈망으로 묶어두는 요소이기도 하다. 이것은 소설의 등장인물들이 꿈꾸는 바이며, 많은 이가 그 꿈을 포기하지만, 또 다른 이들은 다양한 방식으로 그 거리를 넘으려 시도한다. 그들의 시도는 종종 상반된 결과로 이어진다. 작가는 그들의 노력이나 환상을 지지하거나 비판하지 않는다. 그러나 작가가 특별한 점은 이 자유에 측정할 수 없는 시간을 부여하는 것이다. 이것은 재생산의 냉혹한 기계에 의해 움직이는 시간이지만, 일시적인 중단과 예기치 않은 멈춤 속에서 분열되고, 미래에 다가올 자유에 대한 예감을 담은 시간으로 이중화된다. 이 자유의 시간은 완전한 종결을 거부하며 여전히 유예된 가능성으로 남아 있다. 이를 문학의 정치라 부를 수 있다.

주

1. "Прощай, немытая Россия, Страна рабов, страна господ"("안녕, 씻지 않은 러시아, 노예의 나라, 주인의 나라".

2. 체호프, 「꿈」, 『작품집』, Édouard Parayre 와 Lily Denis 번역, 갈리마르, 1967, 1권, p.1387. 편의상, 본 저술에 인용된 체호프의 모든 작품은 이 번역본을 기준으로 한다. 그러나 이 번역본에 포함되지 않은 두 단편소설, 「불빛」과 「친구 집에서」는 예외로 한다. 아울러, 번역 과정에서 필자는 Denis Roche, André Markowicz, Michel Tessier 의 번역을 참고하여 일부 표현을 수정하였다.

3. 앞의 책.

4. 체호프, 「법정에서」, 『작품집』, 1권, p.1345.

5. 체호프, 「상자 속의 사나이」, 『작품집』, 3권, 갈리마르, 1971, p.776.

6. 「3년」, 『작품집』, 3권, p.381.

7. 이반 부닌, 『체호프』, Éditions du Rocher, 2004, p.81.

8. 「문학 선생」, 『작품집』, 3권, p.345.

9. 「3년」, 앞의 책, p.460~461.

10. 체호프, 「불빛」, 『결투 및 기타 단편소설들』, Édouard Parayre 와 Lily Denis 번역, Le Livre de poche, 1971, p.175.

11. 앞의 책, p.180.

12. 앞의 책, p.177.

13. 「6호실」, 『작품집』, 3권, p.45.

14. 앞의 책, p.75.

15. 「불빛」, 『결투 및 기타 단편소설들』, p.229.

16. 「불빛」, 『결투 및 기타 단편소설들』, p.214.

17. 「나의 생애」, 『작품집』, 3권, p.682.

18. 「어느 이름 없는 사람의 이야기」, 『작품집』, 3권, p.167.

19. 「농민들」,『작품집』, 3권, p.718.

20. 「살인」,『작품집』, 3권, p.526.

21. 「문학 선생」,『작품집』, 3권, p.342.

22. 「약혼녀」,『작품집』, 3권, p.1003.

23. 「어느 이름 없는 사람의 이야기」,『작품집』, 3권, p.201.

24. 「세 자매」, Elsa Triolet 번역,『작품집』, 1권, p.424.

25. 앞의 책, p.425.

26. 「나의 생애」,『작품집』, 3권, p.607-608.

27. 앞의 책, p.632.

28. 앞의 책, p.658-659.

29. 「세 자매」에서 베르쉬닌의 대사,『작품집』, 1권, p.434.

30. 「나의 생애」,『작품집』, 3권, p.670-671.

31. 「입맞춤」,『작품집』, 2권, 갈리마르, p.392.

32. 「베로치카」,『작품집』, 2권, p.72.

33. 「X 부인의 이야기」,『작품집』, 2권, p.425.

34. 「개를 데리고 다니는 여인」,『작품집』, 3권, p.905.

35. 「이오니치」,『작품집』, 3권, p.816.

36. 앞의 책, p.803.

37. 앞의 책, p.804.

38. 「구스베리」,『작품집』, 3권, p.787.

39. 「나의 생애」,『작품집』, 3권, p.636.

40. 알렉세이 수보린에게 보낸 편지, 1890년 12월 9일, 안톤 체호프,『내 꿈으로 살아가기. 한 생애의 편지들』, Nadine Dubourvieux 번역, Robert Laffont, 2015, p.318.

41. 「꿈」,『작품집』, 1권, p.1382.

42. 「적」,『작품집』, 2권, p.26.

43. 「여행 중」,『작품집』, 1권, p.1433.

44. 「학생」,『작품집』, 3권, p.315.

45. 앞의 책, p.318.

46. 이반 부닌,『체호프』, p.44.

47. 「부활절 밤」,『작품집』, 1권, p.1157.

48. 「갈매기」,『작품집』, 1권, p.320-321.

49. 「스텝」, 『작품집』, 2권, p.448.

50. 앞의 책, p.479.

51. 앞의 책, p.512.

52. 앞의 책, p.481.

53. 『잘 자라, 잘 자라, 잘 자라』.

54. 「골짜기에서」, 『작품집』, 3권, p.950.

55. 「구스베리」, 『작품집』, 3권, p.788.

56. 「스텝」, 『작품집』, 3권, p.481.

57. 「아리아드네」, 『작품집』, 3권, p.529.

58. 안톤 체호프에게 보낸 편지, 1889년 4월 11일, 안톤 체호프, 『내 꿈으로 살아가기. 한 생애의 편지들』, p.318.

59. 「피리」, 『작품집』, 2권, p.273, 280.

60. 앞의 책, p.282.

61. 「친구 집에서」, Édouard Parayre 번역, 『작품집』, Éditeurs français réunis, 18권, 1962, p.349-350.

62. 「고향에서」, 『작품집』, 3권, p.749.

63. 이반 부닌, 『체호프』, p.33.

64. 「약혼녀」, 『작품집』, 3권, p.983.

65. 「3년」, 『작품집』, 3권, p.365.

66. 「학생」, 『작품집』, 3권, p.314.

67. 「나의 생애」, 『작품집』, 3권, p.581.

68. 「어느 이름 없는 사람의 이야기」, 『작품집』, 3권, p. 117.

69. 앞의 책, p.188.

70. 「여성의 왕국」, 『작품집』, 3권, p.301.

71. 「결투」, 『작품집』, 2권, p.907.

72. 앞의 책, p.910.

73. 앞의 책.

74. 「어느 이름 없는 사람의 이야기」, 『작품집』, 3권, p.203.

옮긴이의 말

1.

랑시에르는 주로 정치와 미학의 관계에 관심을 두며 민주주의와 평등의 급진적인 가능성을 성찰하는 프랑스의 철학자이자 정치 이론가다. 그의 저작들은 이미 국내에 여러 권 소개되어 한국 독자들에게 이론적 자극은 물론 실천적 가능성까지 제시하고 있다. 정치와 미학이라는 두 영역을 분리된 것으로 보지 않는 그의 사상은 종종 몇 가지 오해를 불러일으킨다. 특히 그가 제시한 '감성의 분할'이라는 개념에 대한 몰이해는 이러한 오해와 무관하지 않아 보인다. 이 개념의 탄생 과정을 살펴보자. 그는 1960년대에 알튀세르와 함께 작업하며 『자본을 읽자』의 간행에 기여했으나, 이후 알튀세르와 결별한다. 마르크스주의 사상이 더 이상 작동하지 않음을 확인한 랑시에르는 당시 다수의 좌파 지식인처럼 새로운 이론적 돌파구를 모색한다. 이러한 노력의 결실이 그의 국가 박사 학위 논문인 『프롤레타리아의 밤』(1981)이다. 이 저작에서 그는

19세기 프랑스 노동자들의 일기, 편지, 저널 등을 분석하며, 노동자들이 단순히 착취당하는 존재가 아니라 스스로 사고하고 표현하며 다른 세상을 꿈꾸는 주체임을 밝혀낸다. 그리고 자연스럽게 다음과 같은 질문을 던진다. 노동자들은 왜 스스로의 경험과 지식을 통해 주체화되지 못하는가? 계급적 질서보다 더 강력한 모종의 힘이 모든 것을 규율하고 있는 것은 아닐까?

사람들이 세계를 수용하는 선험적이고 무의식적인 장벽, 이것이 랑시에르가 말하는 감성의 분할이다. 이 개념은 그가 미학과 긴밀히 연결하며 자주 언급하는 것으로, 감각적으로 인지할 수 있는 것을 뜻하는 그리스어 '토 아이스테톤to aisthêton'에서 비롯되었다. 그러나 좀더 정확히 말하면, 랑시에르가 설명하듯 칸트의 감성Sinnlichkeit 과 푸코의 에피스테메Épistémè 개념에서 영향을 받은 것이다. 칸트가 말하는 감성이란, 인간이 외부 세계로부터 오는 자극을 시간과 공간이라는 선험적 형식 속에서 수용해 현상으로 인식하는 수동적 직관의 능력을 의미한다. 이러한 감성은 지성의 개념화 과정을 통해 지식 형성의 기초가 되며, 동시에 인간이 물자체에 직접 접근할 수 없다는 인식의 한계를 규정한다. 랑시에르는 이와 같은 칸트의 감성 개념과 푸코의 에피스테메, 즉 시대적 지식 체계의 작동 원리를 결합해, 특정한 시대와 사회가 감각적으로 인지할 수 있는 것과 그렇지 않은 것을 결정짓는 구조를 감성의 분할로 설명한다. 이 개념은 단순히 인식의 형식이 아니라 사회적·정치적 질서를 규정하는 기본 틀로서, 인간이 세계를 이해하고 행동하는 방식을 근본적으로 제약하거나 가능하게 한다는 점에서 중요하다. 우리는 어느 순간부터 감성의 분할에 의한 사회 구조를 마치 자연법처럼 받아들이며 공동체 구성원에게 강제되는 고정불변의 칸막이에 익숙해져 있다. 노동자, 여성, 지식인, 이민자 등의 호명을 당연하게 여겨, 이 지위들이 동반하는 시간, 공간, 정체성, 세상을 보고 수용하는 태도, 존재 방식, 말하는 방식, 행동 방식 등에 마치 자동인형처럼 반응하며 살아가고 있다. 만약 랑시에르의 사상이 단순한 이론을 넘어 실천적 의미를 지닌다면, 그 실천은 새로운 감성 분할의 지도를 그리는 일이 될 것이다.

이제 랑시에르가 정의하는 '문학' 개념에 대해 이야기해보자. 일반적으로 문학은 시, 소설, 희곡 등 다양한 장르를 통해 삶과 세계를 해석하며, 태고부터 이어져온 글쓰기의 총체로 간주된다. 그러나 랑시에르는 이러한 관점을 타당하지 않다고 본다. 그는 문학의 역사적 성격이 간과되고 있다고 지적하며, 문학은 고정된 의미를 지닌 초역사적 개념이 아니라 특정 시대와 맥락에 따라 정의되고 재구성되는 개념이라고 주장한다. 우리가 '문학'으로 번역해 통상적으로 받아들이는 'littérature'라는 용어는 1800년 스탈 부인이 발표한 『사회 제도들과의 관계 속에서 고찰된 문학에 관하여』에서 처음 사용되었다. 랑시에르는 이를 상기시키며 문학이 19세기를 전후로 민주주의와 함께 등장한 새로운 글쓰기 체제임을 강조한다. 그렇다면 문학 이전의 글쓰기 형태는 어떻게 정의할 수 있을까? 그는 프랑스에서 예술적이고 미학적 가치를 지닌 작품을 지칭하던 개념, 예컨대 볼테르나 몽테스키외의 글을 가리키는 '미문Belles-Lettres'을 차용해 새로운 의미를 부여한다. 그는 미문을 단순히 지적이거나 도덕적 목적을 가진 작품으로 한정하지 않고, 미적 쾌락과 언어의 아름다움을 지닌 글에 더해 문학 시대 이전에 이루어진 모든 글쓰기의 총체로 재정의한다.

이처럼 랑시에르는 글쓰기 체제를 미문의 시대와 문학의 시대로 구분하며, 각 시대의 글쓰기가 지닌 특징을 구체적으로 열거한다. 이제 두 시대를 바라보는 그의 관점을 따라가보자. 미문의 시대는 예술과 문학의 중심 원칙으로 품격과 위계를 중시하며, 작품의 형식과 내용에서 엄격한 위계적 구분을 따른다. 아리스토텔레스의『시학』에서처럼 고귀한 인물들의 행동은 비극과 같은 고급 양식으로 표현되고, 보통 사람들의 이야기나 일상적인 사건은 희극이나 저급 양식으로 묘사된다. 예를 들어 라신의 비극『페드르』는 왕족과 귀족 같은 고귀한 인물들을 품격 높은 언어로 그려내는 반면, 몰리에르의 희극『타르튀프』는 중산층과 하층민의 삶을 가벼운 톤과 유머로 풍자한다. 미문 시대의 작품은 명확한 인과적 구조를 따르며, 인물의 사회적 지위에 부합하는 문체와 표현을 사용해야 했다. 이러한 작품들은 특정 엘리트 계층의 가치와 세계관을 반영하며, 대중의 삶보다는 위대한 개인이나 역사적 사건을 주제로 삼는다. 이를 통해 미문의 시대는 인간 행동의 합리성과 사회적 질서를 강조하는 동시에, 사회적 위계를 유지하는 도구로 글쓰기를 활용한다.

한편 문학의 시대는 누구나의 삶을 문학의 주제로 삼을 수 있는 민주화된 접근이 특징이다. 이 시기에는 품격의 구별이 사라지며 익명의 삶조차 위대한 서사로 재해석된다. 문학적 상상력은 대중적 이야기와 결합해 새로운 형태의 전개를 만들어내며, 다양한 삶의 층위와 사건이 주제로 다뤄진다. 문학은 특정 계층의 위계를 따르지 않고, 보편적 경험과 정서를 공유하는 데 중점을 둔다. 또한 현대 사회의 삶을 반영하는 산문적 현실과 깊이 연결된다. 이를 통해 문학은 기존 위계를 해체하고, 삶과 글쓰기를 새로운 방식으로 통합한다. 플로베르의 『보바리 부인』에서 에마는 단조로운 농촌생활에서 벗어나기를 갈망하는 평범한 여성으로, 그녀의 사치와 낭만적 환상은 욕망으로 초래된 비극을 드러낸다. 이는 미문 시대의 고귀한 인물들이 겪는 비극과 달리 평범한 사람들의 내적 갈등을 주제로 삼는 문학의 시대를 잘 보여준다. 에마의 이야기는 삶의 보편성과 욕망의 파괴적 속성을 통해 문학이 위계적 경계를 넘어설 수 있음을 상징적으로 드러낸다. 마찬가지로 발자크의 『나귀 가죽』에 등장하는 골동품 가게는 단순한 공간이 아니라 시대와 인간 욕망의 상징적 총체로 묘사된다. 이 공간은 다양한 시대의 물건들이 혼재하며, 인간의 과거와 현재, 그리고 욕망의 실현과 파멸이 얽힌 복합적인 장소로 그려진다. 미문의 시대가 귀족적 공간과 위엄 있는 배경을 작품의 중심에 두었다면, 문학의 시대는 이러한 제한을 허물고 다양한 계층과 장소를 포괄한다. 예를 들어 골동품 가게는 모든 계층의 인간 욕망과 모순을 반영하며 문학적 상상력을 확장하는 상징적 공간으로 자리 잡는다. 비슷하게, 빅토르 위고의 『레미제라블』에서 하수구는 프랑스 사회의 어두운 면을 은유적으로 드러내는 독특한 공간이다. 문학의 시대는 하수구와 같은 낮고 어두운 장소를 통해 사회 부조리와 계급 갈등을 조명한다. 장 발장이 마리우스를 구하는 장면에서 하수구는 그저 더러운 배경이 아니라 희생과 구원의 이야기를 담는 상징적 공간으로 재해석된다. 이처럼 하수구는 사회적 모순을 폭로하며, 문학이 현실을 직시하고 이를 통해 새로운 감각과 구조를 형성할 수 있음을 보여준다.

2.

미문과 문학을 구분한 랑시에르는 철학자로서 본연의 사명으로 돌아간다. 그는 '감성의 분할'의 또 다른 이름인 '문학의 정치'라는 개념을 문학비평에 도입한다. 이 개념은 순수문학과 참여문학 간의 오랜 논쟁을 무효화한다. 이는 문학이 그 자체로 정치적 행위를 하기 때문이다. 문학 텍스트는 작가의 의도와 무관하게 감성

분할의 지도를 내포한다. 이 지도에는 말해질 수 있는 것, 볼 수 있는 것, 들을 수 있는 것, 만들어질 수 있는 것, 행해질 수 있는 것, 가시적인 것과 비가시적인 것, 배타적인 몫과 공유되는 공통의 몫 등이 포함된다. 이러한 원리에 따라 그의 문학비평 방식 또한 자연스럽게 결정된다.

　몇 가지 예를 들어보자. 플로베르의 『보바리 부인』은 모든 인물과 사건을 동등하게 다루며, 특정 계층이나 가치를 우선하지 않는 서사 방식을 통해 민주주의적 글쓰기의 가능성을 제시한다. 에마의 파멸은 단순히 개인의 비극에 그치지 않고 사회적 위선과 욕망의 구조를 드러낸다. 이러한 과정을 통해 문학은 기존 위계질서를 전복하고, 삶의 여러 층위를 동일한 감각적 경험의 대상으로 재구성한다. 발자크의 『잃어버린 환상』은 문학과 상업적 세계가 충돌하는 현대적 파리를 배경으로 이상주의와 물질주의의 대립을 그린다. 주인공 뤼시앙은 자신의 이상을 실현하려 하지만, 결국 문학 산업의 상업적 논리에 종속되고 만다. 발자크는 이를 통해 문학이 감각적 경험을 조직하고, 새로운 형태의 가시성과 비가시성을 드러내는 방식을 보여준다. 톨스토이의 『전쟁과 평화』도 같은 방식으로 독해된다. 이 작품은 전쟁이라는 대규모 사건과 평범한 개인의 삶을 교차시키며 역사적 서사의 중심에서 주변적 인물들의 목소리를 부각시킨다. 이를 통해 기존 역사 서술에서 배제된 비가시적 경험을 가시적으로 전환하고, 공동체와 주체성을 재구성하는 문학의 정치적 역할을 드러낸다. 말라르메의 『주사위 던지기』는 전통적인 시 형식을 해체함으로써 독자가 텍스트를 재구성하도록 유도한다. 이는 독자를 수동적인 수용자에만 머물게 하지 않고, 새로운 감각적 경험과 관계를 적극적으로 형성하도록 이끈다. 이러한 과정을 통해 문학은 새로운 공동체 형성의 가능성을 열어주는 정치적 실천으로 기능한다. 마지막으로, 베르톨트 브레히트의 서사극을 살펴보자. 브레히트는 관객이 극중 사건을 비판적으로 인식하도록 유도하기 위해 서사극 형식을 창안한다. 이로써 문학은 감정적 몰입을 유도하는 데 그치지 않고, 사회적 문제를 분석하며 관객이 새로운 사회적 실천을 상상할 수 있는 장을 마련한다. 문학의 정치는 바로 이러한 방식으로 관객의 감각과 사고를 재구성한다.

이상의 랑시에르 문학비평의 방식에서 볼 수 있듯이, 철학적 개념과 문학 텍스트의 상호작용이 사유와 상상력을 풍부하게 한다는 점은 분명하다. 그러나 철학자들이 자신이 구축한 이론적 틀의 타당성을 증명하거나 확장하기 위해 문학작품을 활용할 때 이는 비판에서 완전히 자유로울 수 없다. 이는 문학작품의 고유한 특성을 간과하고, 작품이 지닌 복합성과 다층적 해석 가능성을 제한할 수 있다는 우려를 낳는다. 문학작품은 독립적인 미학적, 서사적, 언어적 체계를 지니며, 단순히 철학적 개념을 증명하거나 예시하는 수단으로 축소될 수 없는 고유한 가치를 갖기 때문이다.

랑시에르가 이 책에서 체호프의 작품을 해석하는 방식은 문학의 정치라는 개념을 틀로 삼아 텍스트를 분석하는 기존 접근법과는 상당히 다르다. 이 책에서 그는 철학자에서 전통적인 문학비평가로 변신한 듯한 인상을 준다. 랑시에르는 체호프 작품의 사회적·역사적 맥락, 사회적·정치적 의미, 그리고 심리적 요소를 조명하며 다양한 비평적 접근을 융합한다. 안톤 체호프(1860~1904)의 생애와 작품 활동은 러시아 사회가 급격히 변화하던 시기와 깊이 관련 있다. 1861년 농노제 폐지로 시작된 사회적·경제적 변화는 농민과 귀족 계층 모두에게 새로운 도전과 갈등을 불러일으켰으며, 이는 체호프 작품의 중요한 배경이 된다. 당시 약 2300만 명의 농노가 해방되었는데, 이는 러시아 제국 총인구 약 6000만 명 중 35퍼센트에 달한다. 체호프는 몰락하는 귀족 계층과 변화하는 사회질서를 작품에 담아내며 농노제 폐지가 가져온 심리적·사회적 파장을 섬세하게 그려낸다. 또한 그의 생애 말기와 맞닿아 있는 1905년 러시아 혁명의 전야는 체호프가 당대의 긴장과 모순을 작품 속에 반영하도록 이끈다.

어찌 보면 랑시에르가 체호프 작품의 핵심으로 예속과 자유를 지목하는 것은 지극히 자연스러운 일인지 모른다. 이 책에서의 '자유'는 기독교에서 말하는 선악을 판단하는 능력으로서의 자유의지도, 칸트가 설정하는 실천이성의 전제로서의 자유도, 실존주의 철학에서 내세우는 고독의 등가물로서의 자유도 아니다. 이

때의 자유는 단순히 노예 상태에서 갓 벗어난 사람들이 스스로 선택하거나 결정하는 권리를 의미한다. 그래서 이 책은 예속의 작은 해부도이자 자유의 안내서와 같은 인상을 준다. 자유는 쉽게 다가올 수 없는 먼 곳에 위치하며, 이 거리는 인간의 자유에 대한 갈망을 묶어두는 중요한 요소로 작용한다. 작가는 이 거리를 명확히 측정할 수 없는 모호한 길로 묘사하며, 자유를 여전히 멀고 불확실한 미래의 목표로 상정한다. 이 책의 서두에서부터 그것이 강조된다. 「꿈」의 주인공은 시베리아를 자유의 이상향으로 그려낸다. 왜 자유는 불확실한가? 이는 자유가 인간에게 책임과 두려움을 부과하며, 무엇보다 예속성이 인간의 마음과 일상에 깊이 자리 잡고 있기 때문이다. 예속성은 단순히 물리적 폭력이나 사회적 제도에 의한 것이 아니라, 내면 깊숙이 뿌리내린 것이다. 「문학 선생」의 라프체프는 자신의 이상과 가족의 기대 사이에서 갈등하며 자유를 갈망하지만, 변화를 두려워하며 현실에 순응하고 스스로 자유를 포기한다. 「상자 속의 남자」의 벨리코프는 규칙과 전통에 집착하며 변화에 대한 두려움으로 스스로를 예속 상태에 묶는다. 이는 개인적 예속이 사회 구조와 연결되는 방식을 보여준다. 랑시에르는 체호프의 역할을 예속 속에 자유의 가능성을 새겨넣는 것으로 규정하며, 자유는 물리적 제약의 해방이 아니라 책임과 새로운 가능성을 수반하는 것임을 강조한다. 자유의 출발점에 대해, 랑시에르는 체호프 작품에서 자유를 쟁취하기 위한 첫 번째 태도로 거짓을 피하고, 자신에게 정직하며 현실을 직시하는 자세를 제시한다. 이는 자유를 위한 변화의 시작점이다. 자유는 새로운 책임과 도전을 수반하기에 두려움을 야기하지만, 체호프는 이러한 두려움을 극복하는 것이 자유를 쟁취하는 핵심이라고 강조한다.「약혼녀」의 나디야는 자신에게 정직하고 현실을 직시하며, 결혼이라는 관습적 속박에서 벗어나 새로운 선택을 한다. 가족과 사회적 기대를 거부하고 자기 삶을 재구성한 그녀는 두려움을 극복하며 자유를 향한 길을 열어간다. 나디야는 내면의 예속성을 극복하며 자유를 위한 변화의 시작점을 보여주는 체호프 작품에서 자유를 상징하는 대표적인 인물이다.

랑시에르는 체호프 작품에서 인물들이 마주하는 한순간은 그저 지나가는 것이 아니라 새로운 시작을 가능케 하는 전환점으로, 예속된 삶 속에서도 변화의 가능성을 열어줄 수 있는 중요한 요소로 제시한다. 이러한 순간은 진지한 변화를 위한 계기를 제공하며, 예속의 시간에 균열을 낼 잠재력을 지니고 있다. 자유는 결코 미래에만 존재하는 것이 아니라 지금 이 순간의 행동이 이미 미래의 삶의 원칙을 구현하고 있을 때에만 가능하다고 체호프는 강조한다.「학생」의 이반은 성금요일 밤 가난과 고통 속에서 과거와 현재, 미래의 고통이 이어진다는 비관적 통찰에 사로잡힌다. 그러나 노모와의 대화를 통해 성경 이야기에서 인간의 연속성과 고통의 의미를 발견하며, 자신의 고통을 초월할 자유를 예감한다.

이 순간은 그저 지나가는 사건이 아니라 그에게 새로운 삶의 가능성을 열어주는 전환점으로 작용한다. 예속의 악순환을 끊기 위해서는 지금 자유를 위한 노력을 실천하고, 미래의 희망이나 추상적인 목표가 아닌 구체적인 행동이 있어야 한다는 것이다. 그렇다고 이 모든 것이 자유를 보장하는 것도 아니다. 「6호실」의 그로모프와의 대화를 통해 래긴은 자신이 처한 무력한 태도를 자각하고, 지금 이 시점 자유를 위한 실천이 필요함을 깨닫는다. 그로모프는 체제의 억압 속에서도 자유를 갈망하며, 단순한 희망이 아닌 구체적인 변화의 필요성을 역설한다. 래긴은 이후 자유를 위한 움직임을 시도하지만, 체제적 억압과 자신의 내면적 갈등을 극복하지 못한 채 비극적으로 끝을 맞이한다. 이는 자유를 위해 바로 지금 구체적으로 행동해야 한다는 교훈과 함께, 개인의 노력만으로는 극복할 수 없는 구조적 한계를 체호프가 강조한 사례로 해석된다.

예속과 자유는 삶의 본질적 조건일지도 모른다. 이는 체호프 작품의 등장인물들만의 문제가 아니다. 현대인들 또한 예속과 자유 사이를 끊임없이 왕래하며 삶의 모순적 조건 속에서 살아간다. 「꿈」의 유랑자처럼 누구나 자신만의 스텝을 꿈꾼다. 현실이라 불리는 직장, 경제적 의무, 사회적 관계 등은 결국 예속의 또 다른 형태가 아니겠는가? 이러한 현실은 독자들로 하여금 스텝의 광활함과 정적을 자유를 향한 부름으로 상상하게 만드는 이유일 것이다. 그래서 체호프는 자유와 예속이 동시에 존재하며, 그 경계가 명확히 구분되지 않는 점을 강조하는 것이다. 자유에 대한 희망은 현실의 제약에 부딪히고, 이러한 희망은 종종 이루어지지 않은 채 미완의 상태로 남는다. 그럼에도 불구하고 작가는 이러한 모순 속에서 인간이 새로운 가능성을 찾고 노력하는 모습을 그려낸다. 그것이 해오라기 울음소리의 비밀일지도 모른다. 이는 슬픔의 표현을 넘어 그 안에 담긴 웃음과 희망, 그리고 이러한 삶의 모호성을 전달하려는 체호프의 의도를 보여준다.

3.

AI 번역기에 포획된 번역의 시대에 접어들었다. 이 글을 쓰는 번역자(?)도 예외는 아니다. 기술은 이제 인간의 지성을 무력화할 정도로 절대적인 지위를 획득하고 있다. 물론 인공물artefact 의 발명은 인간 본연의 행위다. 인간은 기술적 존재이며, 인류사는 곧 기술사이기도 하다. 1990년대에 등장한 디지털 기술도 돌도끼나 문자, 인쇄술, 증기기관차의 발명처럼 인간의 통상적인 발명 행위의 연장선상으로 볼 수 있다. 그러나 이 기술에는 인간의 지성을 무력화하는 전례 없는 특질이 존재한다. 마르크스는 고유의 지식을 기계에 양도하고 부품으로 전락한 노동자를 '프롤레타리아'라고 명명했다. 오늘날 AI 번역 앞의 번역가도 동일한 운명에 처해 있다. 혹자는 AI 번역이 있음에도 불구하고 번역자의 위상은 변화하시 않을 섯이라고 주장할 수도 있다. 그리고 부연할 것이다. AI 번역은 번역물에 담긴 문화적 맥락, 역사적 배경, 사회적 뉘앙스를 이해할 수 없으며, 번역자는 언어를 변환하는 데만 그치지 않고 원문에 담긴 의도와 정서를 새로운 언어로 재해석하는 고유한 창조적 능력을 지닌다고 말이다. AI 번역이 대체하기 어려운 이러한 창조적 과정은 인간 고유의 감각과 상상력의 영역이라는 주장도 덧붙일 것이다.

하지만 이런 시각은 중요한 점을 간과하고 있다. 우리는 스티글러가 말하는 디스럽션disruption의 시대에 살고 있다. 디스럽션은 기술의 침략으로 사회가 붕괴되고 단절되는 현상을 말한다. 디스럽션은 번역가를 포함한 모든 개인적·집단적 의지를 압도하며, 사회 조직을 속도로 포획하고 무력화한다. 사람들은 디스럽션이 이미 지나간 뒤에야 비로소 그것을 인지한다. 2008년 데이터 축적량이 (겨우) 페타바이트(10^{15})를 넘어서던 시기에『와이어드』편집장 앤더슨은 '이론의 종말'을 선언했다. "언어학에서 사회학에 이르기까지 모든 이론을 버려라. 사람들이 왜 행동하는지 아는 것보다 중요한 것은 그들이 행동한다는 사실이며, 데이터가 충분하다면 숫자가 모든 것을 말해준다." 이 선언이 이루어진 지도 어느덧 십수 년의 시간이 흘렀다. 점점 더 완벽해지는 대규모 언어 모델LLM AI 시대에 인간 번역자의 고유한 번역이 과연 자리할 수 있을까?

그렇다고 인간의 지성νοῦς(이성)이 사라진 것은 아니다. 오히려 지금이야말로 인간의 지성이 요구되는 시기다. (인공)지능은 지성의 한 부분일 뿐이다. 아리스토텔레스는 인간은 누스, 소피아, 프로네시스, 에피스테메, 테크네라는 다섯 개의 지적 덕목을 가지고 있다고 말했다. 디지털 기술의 계산 능력은 에피스테메와 테크네가 어느 정도 결합된 지식이라 할 수 있으며, 칸트식으로 보면 페어슈탄트Verstand 의 능력에 해당된다. 디스럽션은 두 세계 사이의 분리. 한쪽에는 속도로 무장한 디지털 기술이 있고, 다른 한쪽에는 꿈, 사유, 사회적 관계의 생태학이 있다. 확실히 디지털 기술은 실존 공간으로 구성된 사회의 해체를 야기하는 표준화와 동질화를 강제하고, 알고리즘으로 매개된 관계가 사람들 사이의 사회적 관계를 대신하는 해악성을 지니고 있다. 그렇다고 AI 번역이 제공하는 해방감을 애써 무시하면서 그것의 부정적인 측면만을 과도하게 강조할 필요는 없다. 지성이 기능을 발휘할 시간이다. 지성은 뭔가를 결정하는 능력이다. 지성은 존재 이유를 제시하고 뭔가를 희망하는 능력이다. 지성은 상황에 대처하는 능력, 해야 할 것과 하지 말아야 할 것을 판단하는 능력, 계산될 수 없는 것에 하나의 결단을 내리는 능력이다. 르네상스 시기에 활자공들이 '문자의 공화국'이라는 공동의 공간을 만들었듯이, 숙의적 토의가 이루어지는 '디지털 공화국'의 구축도 가능하지 않겠는가. 이 업계의 모든 종사자가 모여 새로운 기술적 환경에서 번역자의 역할을 규정할 시간이 왔다.

체호프에 관하여
먼 곳의 자유

초판인쇄 2025년 1월 20일
초판발행 2025년 1월 27일

지은이 자크 랑시에르
옮긴이 유재홍
펴낸이 강성민
편집장 이은혜
마케팅 정민호 박치우 한민아 이민경 박진희 황승현
브랜딩 함유지 함근아 박민재 김희숙 이송이 김하연 박다솔 조다현 배진성 이준희
제작 강신은 김동욱 이순호

펴낸곳 (주)글항아리 | 출판등록 2009년 1월 19일 제406-2009-000002호

주소 경기도 파주시 심학산로 10 3층
전자우편 bookpot@hanmail.net
전화번호 031-955-2689(마케팅) 031-941-5161(편집부)

ISBN 979-11-6909-353-8 03100

www.geulhangari.com